dance
NEW
힙합댄스
HIP HOP DANCE
dance
太乙出版社

HIPHOP DANC

차 례

Part3 힙합 & 힙합

Part4 힙합 & 브레이킹

Part5 힙합 & 테크닉 응용

FREEZES DANCE
hip hop
adidas

X세대 히트 춤 ① 힙합 붐이 몰려오고 있다!

힙합댄스

HIPHOP DANCE GUIDANCE

KICK IT UP 자료제공
MOON PROJECT 편

太乙出版社

새로운 물결, 그 힙합(Hip Hop)

힙합 문화는 90년대 들어서면서 가장 주목받는 유형의 문화로 우리에게 다가섰다. 패션, 음악, 스타일, 댄스 등 각 분야에서 생각지도 못했던 용어와 스타일이 90년대의 문화 전반을 이끌어 가는 것이다. 가요계에서는 많은 가수들이 소위 '전통 힙합'을 표방하며 앨범들을 내놓고 있고 거리에는 젊은 층을 중심으로 한 '힙합 패션'의 물결을 어렵지 않게 목격할 수 있을 만큼 우리 삶 속에 자연스럽게 다가와 있다.

우리의 문화 곳곳에서 힙합은 더 이상 흑인들만의 문화가 아니며, 모든 이들이 점유할 수 있는 자유롭고 솔직한 젊은 문화사조로서 10대들에 의해 형성되는 새로운 흐름이다. 이 시대의 힙합은 그 동안 반사회적인 성향과 저항 세계의 이미지를 뛰어넘어 재미있는 춤과 노래, 그리고 패션 등으로 대중들에게 가까이 다가옴으로써 이제 삶의 스타일이라는 한 형식으로 그 자리가 확고해 졌다.

춤이란 자신이 동작을 하면서 즐기기도 하지만 동시에 보여주기도 하는 이중성을 가지고 있기 때문에 항상 자신의 동작을 연구하는 자세가 필요하다. 일정한 순서에 맞추어서 신체의 부위를 일정한 방법에 따라 공간이동을 한다고 해서 춤이 아니다. 좀더 멋있고, 깔끔하고, 부드럽게 동작이 나오도록 노력하는 것이 중요하다. 같은 춤이라 하더라도 자신만의 개성이 있고 반드시 분명 잘하는 사람과 잘 못하는 사람과의 차

세계의 문을 열어보자

이가 있는 법이다. 1시간을 기준으로 할 때 간단한 동작이라도 반드시 20분 정도 준비운동을 하고, 30분의 연습을 한 후, 10분간의 정리운동을 한다. 이상의 비율을 지킨다면 빠른 실력의 증진과 절대로 부상없이 춤을 즐길 수 있다.

이 책에서는 힙합 춤에 문외한인 사람을 위해 기본적인 동작과 응용안무로 구분하여 쉽게 배우도록 하였다. 여기서 자신의 창작된 동작을 조금만 더 첨가한다면 당신도 힙합의 세계에서 돋보이는 자가 될 수 있다. 그럼 이제 다같이 힙합의 리듬감을 공감하면서 그 유행의 물결 속으로 함께 스며들어가 보자.

힙합(Hiphop)의 역사

힙합이라 하면 아직 현란한 춤동작이나 청소년들의 헐렁한 차림새를 흔히 떠올리기 때문에 기성세대 속에서 힙합의 그 문화적 가치는 부정적인 면으로 어느 한 일면에 의해 편협된 평가를 받는 경우가 대부분이다.

그래서 힙합이란 것이 하나의 독립된 문화로 인정받기보다는 특정 연령층의 사회 저항적이고 반문화(counterculture)적인 성향을 대변하는 청소년기의 문화적 외도 내지는 유행으로 밖에 인식되지 못하고 있는 실정이다. 허가된 힙합 음반이 정식으로 유통되지 않던 상태에서 외국(주로 미국)의 힙합 음반은 몇 안 되는 레코드 가게에 수입되어진 고가의 시디였고, 일반인들이 손쉽게 구할 수도 없었을 뿐더러 널리 알려져 있지도 않았다.

이런 이유로 대중은 음악분야에서 일부 국내 가수들이 도입한 힙합을 진짜 힙합으로 알게 되었고 이는 상업적으로 이용하려는 대중매체의 가세로 인해 그 본질이 더욱더 왜곡되어졌다. 그 후 한국에서의 힙합은 본토의 힙합과는 어느 정도 거리가 있는 한국만의 독특한 문화로 발전해 갔다.

힙합 문화의 생성

몇몇 사람들은 힙합의 기원을 과거 미국 농장에서 흑인 노예들이 읊조리던 노래에서 찾기도 하지만 먼저 '힙(hip)'과 '합(hop)'을 단어적으로 풀어보면 힙은 '엉덩이'를 뜻하고 합은 '만세(들썩거림)'라는 의미가 있다. 시대적으로도 뜻을 달리하

여 힙은 60년대에 '히피'를 표현할 때의 형용사로 쓰이기도 했으며 90년대에는 '신세대'라는 의미까지 내포하고 있다.

최근에는 지식통이란 뜻의 'hipster'나 속사정에 밝다는 뜻의 'hep'이란 단어와 같은 의미의 속어로 통용되고 있다. 합은 50년대 로큰롤이 생겨난 이후 미국 10대 학생들 사이에서 크게 유행했던 댄스파티나 춤을 뜻했고, 60년대에는 춤을 변칙적으로 추는 것을 뜻했다.

본질적인 힙합의 정의는 흑인으로부터 형성된 음악과 춤, 패션 그리고 그들의 철학과 생각을 동반한 문화이며 동시에 '라이프 스타일'을 뜻하는 것이다. 미국 뉴욕의 흑인 할렘 가에서 10대들에 의해 흘러나온 이 특별한 문화 조류는 90년대 들어서면서 전세계 신세대들을 중심으로 패션, 춤, 노래는 물론 의식까지도 지배하는 '힙합 스타일'을 탄생시켰다. 할렘이라는 지역적인 한계 때문에 자치 잘못하면 우울하고 폭력적이며 과격하게 보여질 수 있다. 힙합의 이런 모든 요소를 압축하는 것은 바로 음악과 춤의 영역이다.

힙합 음악

힙합 음악은 20년 이상의 역사를 통해 발전되어온 장르이다. 최근 음악적 성향의 변화에 따라 힙합은 다른 음악들과 결합되어 또 다른 모습을 보여 주는데 그 단적인 예가 덥과 트립합 등의 결과물들이다. 뿐만 아니라 힙합은 다른 장르의 음악들을 수용해 새로운 모습을 재창조하는데 현재는 그 음악 장르를 명확하게 규정 짓지 못할 정도로 많이 파생되어 있다. 그 예로 Jazz Hiphop, Ballard Hiphop, Classic Hiphop 등을 들 수 있다.

힙합은 문화전반을 일컫는 개념이며 그 문화 속의 음악적한 요소로서 랩이 존재한다. 엄밀히 말하면 랩과 힙합은 구분되는 개념이나 오늘날 힙합문화에서 가장 널리 알려지고 가장 발전된 요소가 랩인 이유로 랩과 힙합은 모두 음악을 지칭하는 용어로 통일적으로 쓰이는 게 상례이다. 랩은 더 이상 흑인사회와 문화라는 토양에 국한 될 수 없을 만큼 다른 문화와 음악적 장르에 조화롭게 혼합되어 졌다.

사실, 음악적 장르로서의 힙합은 1970년대 초 DJ들에 의해 탄생되었다. 1970년대 초 미국 동부의 뉴욕에서는 한창 디스코음악이 인기일 때 파티나 클럽에서 자메이카 출신의 Kool DJ Herc는 자신이 가지고 있던 R & B나 Funk음반을 자주 들려주었는데 그는 때때로 이 음악들의 간주 부분(Break)을 계속 반복하여 틀어주었다. 또 Kool DJ Herc는 이 간주부분에 흥을 돋구려고 소리를 지르거나 의미 없는 두어 마디의 말을 하였는데 이것이 바로 랩의 시작이었다.

그 뒤 Kool DJ Herc는 DJ일만 하고 간주부분 랩은 따로 사람을 두었는데 그들이 Coke La Rock과 Clark Kent로

이루어진 Herculoids 이었고, 그들은 자신들의 일을 'emcee-ing'(후에 rapping)이라고 불렀다. 바로 이들이 바로 첫 힙합 그룹이었던 것이다. Herculoids는 두어 마디 정도였던 랩을 몇 문장으로 늘려 가사에 라임(rhyme)을 도입하기 시작하였고, Kool DJ Herc 이후 많은 DJ들은 그와 같은 스타일을 활용함으로써 힙합을 발전시키게 되었다.

DJ Hollywood, Afrika Bambaataa, DJ Grandmater Flash, Grand Wizard Theodore 등이 그들인데 DJ Hollywood의 경우 그가 자주 이용하던 랩 가사 중에 'hip, hop'이란 부분이 자주 사용되었고 이때부터 힙합이라는 용어가 쓰이게 되었다. 1970년대 후반에 emceeing(MCing)은 더 이상 흥을 돋구기 위한 한정적 역할이 아닌 독자적인 음악 장르로 정착되었고 이것이 힙합을 본격적으로 발전시키는 계기가 되었다.

락(Rock)이 자신만의 긴 역사를 통해 구분되어 세분화되듯이 힙합도 그 음악적 스타일에 따라 여러 가지로 분류되었는데 East Coast Rap, Gangster Rap, Conscious Rap, Jazz Rap 등은 모두 힙합이라는 테두리 안에서 각자의 독특한 성격을 가지고 발전한 다른 스타일들이다.

힙합 댄스

홍수와 같이 밀려오는 청년문화 중에서 우리들의 눈을 사로잡는 움직임, 이 동선(動線)을 '춤'이라 한다. 춤은 발레(Ballet)에서 비롯된 장르로 시대감각과 휴머니즘의 형태로 인간화시킨 것이 현대무용(Modern Dance)이다.

현대문화를 주도적으로 이끌고 있는 미국은 다양한 장르의 공연을 연기(대사), 노래, 춤의 3박자로 고루 갖춘 뮤지컬로 승화시켰다. 더불어 Tap이라는 무용이 유행하였는데 이들 장르의 공통점은 현대무용을 쉽게 표현하고 있으며 음악과 리듬에 맞추어 정적(靜的)으로 스토리를 전개하고 라인보다는 느낌을 강조한다는 점이었다. 이 느낌이 대중들에게 재즈댄스의 호기심을 자극하여 본격적인 재즈댄스가 예술의 한 장르로 자리매김하게 되었다.

80년대 들어서 디스코 열풍이 점차 식어 갈 무렵 팝의 제왕 마이클 잭슨(Micheal Jackson)이 등장하면서 Break Dance가 유행해 졌고, 이에 부응하여 폴라 압둘(Paula Abdul), 마돈나(Madonna)와 같은 가수들의 뮤직 비디오로 재즈댄스가 확산되어 지면서 이 춤의 화려함을 각인(刻印)시켜 놓았다.

마이클 잭슨이 뉴욕식 재즈라면 폴라 압둘은 L.A재즈라 칭할 수 있다. 미국은 각 지역 특성상 댄스 레슨 방식에 차이가 있는데 뉴욕식은 테크니컬(Technical)과 아크로바틱(Acro-

batic), 기계적 절도(機械的節度)를 강조한다. 한편 L.A식은 재즈 발레(Jazz Ballet)와 펑키 스텝(Funky Step) 등을 통하여 발레의 우아함과 섬세함을 아기자기하게 표현하고 있다. 이러한 창의성과 다양한 동작은 또 다른 장르를 탄생시켰는데 우리가 쉽게 접하고 있는 Soul, Hiphop 등이 그것이다.

힙합 댄스는 음악적인 면보다는 얘기할 수 있는 범위가 훨씬 적다. 그것은 힙합이 흑인 문화의 하나이며 이 속에 담겨진 것이 그들의 현실을 고발하거나 과격한 메시지를 담아내는 것에 그 주안점을 두기 때문이다. 다시 말해 힙합의 존재가치를 따지는데 있어서는 그들의 항거정신을 보여주는데 춤은 음악에 비해 그 표현력이 미약하다는 말이다. 신세대들이 변칙적으로 추는 춤이란 뜻을 가지고 있는 힙합 댄스는 일정한 형태의 규칙이 정해져 있지는 않다. 다만 그 리듬에 맞춰 율동하는 것이 전부이다.

바비 브라운, 엠씨 해머 등 90년대 초를 휩쓸던 랩 아티스

트들의 힙합 댄스는 주로 발과 팔을 이용해 추는 스타일이었다. 그러나 뭔가 새로운 것을 추구하려 했던 젊은이들은 좀더 어려운 고난도의 댄스를 원했다. 그들의 욕구는 신체의 한 부분을 이용하는 것을 떠나 온몸을 사용함으로써 힙합 댄스를 만들어 낸 것이다.

이러한 시도들은 신체적으로 춤추기 힘든 흑인음악들과 함께 새로운 랩퍼들이 등장함에 따라 더욱 빠르게 진행되기 시작했다. 흑인 음악의 양상이 극단적으로 빨라지거나 혹은 R&B류의 느린 음악들이 주를 이루게 되자 더불어 힙합 댄스도 온몸을 이용하는 추세로 변화되었다.

우리 나라에서는 한국 전통 무용에 편중되다가 60년대 들어 방송국 무희들의 동작에서부터 재즈 댄스의 보급이 시작되었다. 초창기 Disco, Twist, GoGo 등 따라하기 쉽고 한시적인 유행 춤에서 80년대 Pop시장의 댄스 가수로 인한 유행과 외국 댄스와의 접목으로 90년대 초에는 Soul, Funky 등에 재즈와 혼합된 형태인 Hiphop에까지 이르렀다.

국내에 힙합 댄스를 가장 먼저 도입한 이들은 다름 아닌 '서태지와 아이들'이다. 그들은 rap의 효시로 '난 알아요'를 발표함으로써 rap과 hiphop을 우리의 것으로 소화시켰는데 혁신적이였던 그들의 노래와 춤은 당시 10대들을 매료시키기에 충분했다. 이에 이어 '듀스'의 뉴 잭 스윙은 가장 세련되고 능숙한 율동을 가미함으로써 힙합을 한층 더 발전시킨 것으로 평가되고 있으며 서태지와 아이들의 Gangster Hiphop에 거쳐 Up-town, 지누션에 이르기까지 신세대 가수들은 나름대로 자신들에게 맞는 Hiphop을 개발해 유행을 이끌었다. 이것의 파장 효과는 거리문화까지 이어짐으로써 더욱 대중적으로 발전해 왔다.

힙합 기본 용어 설명

▲ 베이비 스와입스(Baby Swipes)
상체는 바닥에, 하체는 공중에 떠서 서로 따로 돌아가는 느낌이 나는 동작으로 다리를 돌리는 것.

▲ 백 핸드(Back Hand)
백 덤블링이라고도 하는데 완전히 앉았다가 일어나는 힘(땅을 박차는 힘)을 이용해 뒤로 도는 것.

▲ 백 스핀(Back Spin)
몸을 손으로 감싸는 듯이 하여 등으로 회전하는 것.

▲ 체스트 웨이브(Chest Wave)
가슴을 좌에서 우로 혹은 우에서 좌로 돌리는 동작.

▲ 크리켓(Cricket)
터틀과는 조금 다른 것으로 일명 통통이라 불리며 이곳저곳 탕탕 튀며 돌아가는 것.

▲ 다이렉트(Direct)
한 번에 확 돌리는 것.

▲ 동키즈(Donkeys)
물구나무를 짚는 척하면서 탄력성 있게 일어나는 것.

▲ 프리즈(Freeze)
춤의 마지막에 취하는 포즈로 댄서의 개성을 표현.

▲ **핸드 글라이드(Hand Glide)**

한 손으로 골반위를 받히고 돌아가는 쪽으로 시선을 주면서 돌리는 것.

▲ **핸드 스핀(Hand Spin)**

Hand Glide에서 올리는 것으로 돌리던 한 손이 돌아가다가 양손을 모으고 몸 전체가 위로 확 돌아가는 것.

▲ **헤드스핀(Head Spin)**

머리로 회전하는 것.

▲ **하이 라이즈(High Rise)**

어려운 기술로 윈드밀에서 헤드 스핀으로 바꾸는 것.

▲ **킥(Kick)**

· 원 킥(One Kick): 팔을 짚고 누운 상태에서 한 다리를 차주는 것.

· 투 킥(Two Kick): 구부리고 앉아있는 상태에서 손을 적당한 거리를 두고 뒤로 쭉 뻗어 짚어주면서 동시에 두 다리 모두를 몸 쪽으로 끌어 당겼다가 다시 원래 앉아있던 모습으로 되돌아오는 동작.

· 쓰리 킥(Three Kick): 투 킥에서 한 손만 짚고 다른 한 손도 다리처럼 공중으로 쭉 뻗어 올려주는 것.

▲ **킥 웜(Kick Worm)**

위로 점프했다가 내려오면서 뒷다리를 위로 차면서 목부터 골반까지 차례로 땅에 닿게 하는 동작.

▲ **문 워크(Moon Walk)**

앞으로 움직이고 있는 듯 보이면서 뒤쪽으로 걷는 스텝.

▲ 나이키

옆으로 재주넘는 척하다가 두 다리를 허리에 붙이는 자세.

▲ 나인틴(1990)

한 손으로 물구나무서기 전에 다리를 돌리면서 서는 것으로 물구나무를 한 모양에서 돌아가는 것.

▲ 퍼핑(Poping)

음악과 관계없이 손발을 제멋대로 움직이는 것.

▲ 레인보우(Rainbow)

한 팔을 땅에 대고 뒤로 도는 것.

▲ **로빈**

두 손으로 번갈아 짚어주며 돌리는 것.

▲ **스핑크스**

여러 명이 줄지어 두 다리를 벌리고 두 손은 옆으로 세우는 것.

▲ **틀**

이것은 마치 딱정벌레를 연상시키는데 두 손으로 번갈아 골반 위를 짚으며 이곳저곳을 돌아다니는 기술.

▲ **토마스(Tomas Flare)**

한 손씩만 거의 땅에 붙을 정도로 빨리빨리 손을 바꾸어주며 탄력성 있는 허리로 돌리는 것.

▲ **업 락(Up Lock)**

리듬을 타면서 스텝을 밟는 것으로 특별한 기술이 있는 것은 아님.

▲ **웨이스트 웨이브(Waist Wave)**

무릎 이하와 가슴 이상의 부위는 움직이지 말고 크게 원을 그리듯 허리를 돌려주는 것.

▲ **윈드 밀(Wind Mill)**

백 스핀을 보다 어렵게 한 브레이킹으로 양쪽 발을 벌리고 회전하면서 몸을 띄우는 것처럼 취하는 자세.

▲ **웜(Worm)**

몸을 둥글게 하여 벌레와 같이 바닥을 뒹구는 것.

Part 1

HIPHOP & HOUSE

힙합 & 하우스

 하우스(House) 기본동작 [1]

★ 킥원 A

엎드린 상태에서 다리를 하늘로 차주면서 목부터 골반까지 차례로 땅에 닿게 하는 동작시작자세에서 다리를 번갈아 뒤로 빼면서 뒤로 가는 자세로 마지막 자세에서 손을 바닥에 짚고 공중으로 다리를 점프해서 뒤로 뻗는다. 몸을 물결처럼 구부리면서 왼쪽으로 돌아 제자리로 선다.

1

기본자세

2

뒤로 가는 자세(왼발로 반원을 그리며 뒤로 빼는 동시에 왼팔을 앞으로 하고 오른팔은 뒤로하면서 엇갈리게 한다)

3

반대방향으로 오른다리를 돌린다.

발동작은 같게 하면서 상체만 숙인다.

상체를 숙이면서 왼다리를 든다.

왼다리를 공중에 띄우는 동시 몸을 조금 튼채 오른쪽 다리를 찬다.

왼다리를 바닥에 놓으면서 오른다리를 차는 자세로 8, 9, 10번까지 이어진다.

8

9

11

10

빠른 동작으로 시
계방향으로 돈다.

돌아가는
자세

빠른 동작으로 선
자세를 취한다.

힙합음악 메모

서부랩(West Coast Rap)

동부에 비해 상대적으로 가사보다 비트에 더 신경을 쓴다. 비트가 다소 빠른 경우가 많고 멜로디를 중시하며 P-Funk나 R&B적 요소의 샘플링에 더 크게 의지한다. 전체적으로 파티풍의 분위기가 많고 춤을 추기에도 좋을 뿐만 아니라 랩스타일도 멜로디나 리듬을 타는 경우가 많아 힙합을 처음 접하는 사람들에게 보다 친숙한 호감을 주기도 한다. 서부랩의 전성기는 N. W. A와 같은 그룹으로 절정을 이루게 되어 갱스터 랩으로 불려지기도 한다. 대표적인 래퍼들로는 Dr. Dre, Snoop Doggy Dog, Ice Cube, Dogg Pound, Master P. Tupac, Ras Kass, WarrenG 등이 있다. 1997년 West Coast의 Tupac Shakur과 East Coast의 Notorious B. I. G간의 대립으로 이들은 모두 목숨을 잃었다.

★ 킥윔 B

기본자세

왼쪽부터 자세를 잡는다.

다음은 오른쪽으로

무릎을 꿇는다.

5

재빨리 오른다
리를 내민다.

6

몸을 옆으로 트는
동시에 돌려 일어
선다.

7

연 속

8

일어서면서 오른쪽
으로 몸을 굽힌다.

몸에 물결을 이루면
서 발을 공중에 차
서 띄운다.

연 속

연 속

연 속

16

연 속

힙합음악 메모

갱스터 랩(Gangster Rap)

대중매체의 잘못된 지식의 전달로 인해 우리 나라의 대부분 사람들은 미국에서 흑인이 하는 랩은 모조리 갱스터 랩으로 알고 있다. 한국에서 가장 잘못된 개념으로 알려진 갱스터 랩은 힙합에서 특정한 스타일을 지칭하는 용어로 가사의 내용이 자신이 속한 갱의 우월성, 갱조직간의 싸움, 다른 갱단의 소속원에 대한 비난 등으로 구성되어져 있는데 대개의 경우 래퍼 자신이 갱단의 맴버이다. 갱스터 랩의 전성기는 서부의 그룹 N. W. A가 시작했다. 캘리포니아 L. A의 Copmton지역을 근거지로 N. W. A는 갱스터 랩의 절정을 이루었으며 이와 같은 스타일의 다른 많은 래퍼들이 등장했다. 이로 인해 보통 갱스터 랩은 West Coast의 랩을 가리키는 경우가 많다.

2 하우스(House) 기본동작 2

1

기본자세

2

오른다리를 축으로 왼다리를 굽혀 오른다리 무릎에 댄 채 시계반대방향으로 돈다.

3

연속(돌아가는 자세)

돌아서면 오른다
리가 왼발 앞으
로 오게 된다.

4

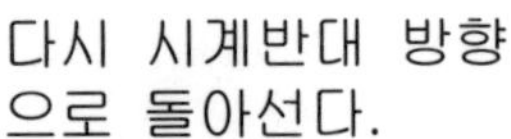

다시 시계반대 방향
으로 돌아선다.

5

6

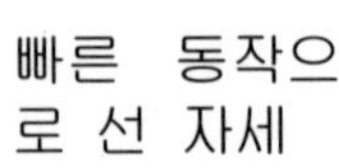

빠른 동작으
로 선 자세

3 하우스(House) 기본동작 [3]

1

기본자세

2

양다리를 약간 안으로 오므리면서 양팔도 같이 돌리면서 오므린다.

3

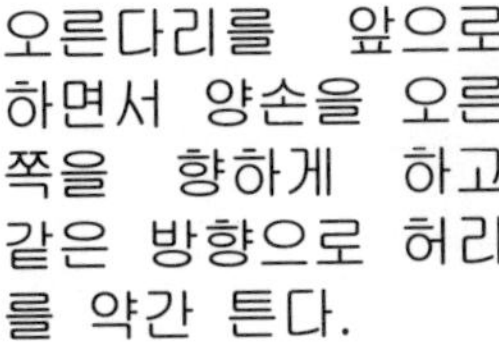

오른다리를 앞으로 하면서 양손을 오른쪽을 향하게 하고 같은 방향으로 허리를 약간 튼다.

4

2번의 자세로 다시
되돌아간다.

5

왼발을 내밀면서 반대
방향으로 3번과 같은
자세를 취한다.

6

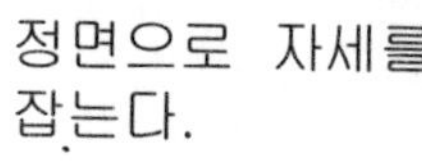

정면으로 자세를
잡는다.

7

빠른 동작으로 양팔을 뒤에서 앞으로 돌리며 오른발을 찬다.

8

빨리 양팔을 바닥에 대고 앉는다.

9

일어서서 빠른 동작으로선 자세

4 하우스(House) 응용 안무 1

기본자세

기본자세에서 벌린 다리를 약간 모으면서 굽힌다. 팔은 승마자세를 한다.

오른 다리를 앞으로 하면서 허리를 오른쪽으로 틀어 몸을 기울이고 다시 2번과 같은 자세로 돌아와서 반대로 왼쪽으로 한번 더 같은 동작을 한다.

4

빠른 동작으로 자세를
바로 잡는다.

5

이어서 오른발을 앞으로
해서 시계반대 방향으로
돌 자세를 취한다.

6

연속(돌아가는
자세)

7

돌고 나서 빠른 동작으로 선 상태

8

10번의 상태에서 빠른 동작으로 오른발을 축으로 하우스 기본자세 2의 턴 동작을 시계방향으로 돈다.

9

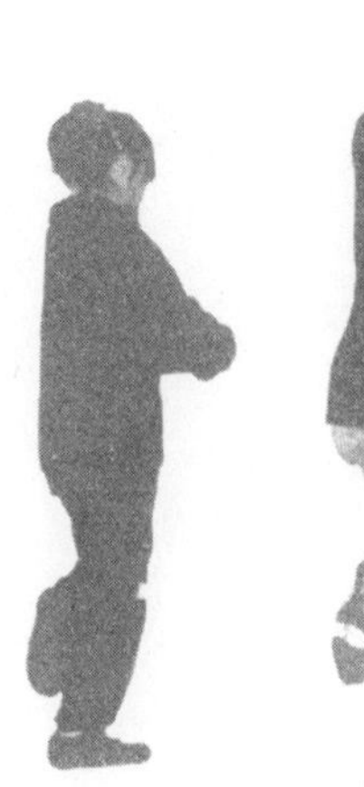

연속(돌아가는 자세)

10

빠른 동작으로
선 자세

11

빠른 동작으로 남자는 하우스 기본동작 1의 자세를 취하는데 왼발부터 시작한다. 여자 둘은 서로 반대쪽으로 돌아서는 자세를 취한다.

12

남자 오른다리로 뒤로 가고, 여자 둘은 박자를 느리게 해서 돈다.

남자부터 킥윔의 차기 자세에 들어가고 여자 둘은 서로 반대방향으로 자세를 취한다.

13

차기 자세

14

남자는 왼발부터 차고 여자는 오른발을 찬다.

15

16

연속(차는 자
세 이어짐)

17

남자는 양발을 공
중으로 차고 여자
는 발만 찬다.

18

남자의 몸을 타고
발을 바닥에 내리
면서 여자들은 더
높게 찬다. (몸의
물결을 이루듯 찬
다)

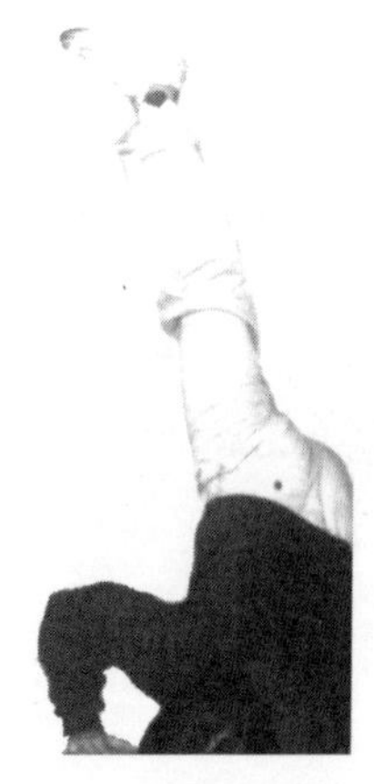

19 21번의 자세가 이어짐

20 오른다리를 반무릎으로 세우면서(왼다리를 무릎을 꿇는다) 양손은 바닥에 짚는다.

21 오른팔을 땅에 짚고 일어서면서 오른다리를 왼다리 앞으로(사선방향) 내민다.

일어서면서 시계반대 방향으로 돈다.

22

23

힙합음악 메모

Old School과 New School

이 용어는 랩의 시대를 구분하는 기준으로 쓰이는 말이다. 즉 힙합의 아버지 격인 래퍼들이나 음악을 Old School로 분류하고 이후의 것을 New School이라 한다. 그러나 이에 대한 기준시점에 대해서는 견해가 분분하여 정확한 구분 점을 찾기는 어렵다. 대체로 1980년대 중반을 기준으로 그 이전을 올드 스쿨로 보고 이후를 뉴 스쿨로 본다. 1980년대 중반을 대표하는 Run-DMC의 데뷔앨범(1984) 'Run-DMC'를 하나의 참고 점으로 볼 수 있는데 주의할 것은 올드 스쿨과 뉴 스쿨이라는 말이 어떤 음악적 특색을 기준으로 구분한 것이 아니라는 것이다.

5 하우스(House) 응용 안무 2

1

기본자세

2

킥웜의 자세를 취한다. (스케이트 타듯이 왼다리부터 뒤로한다)

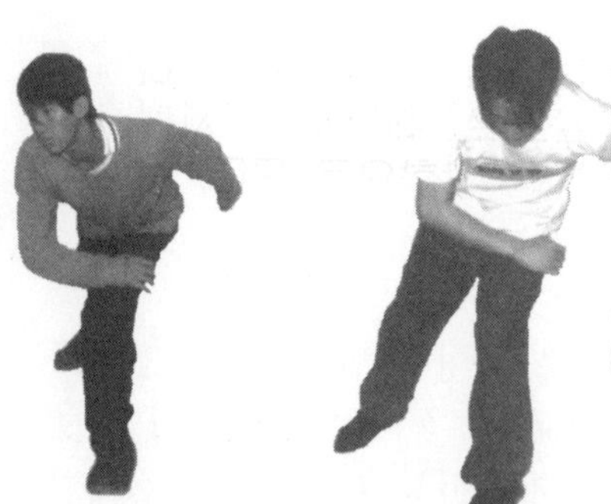

3

반대발로 같은 자세를 한다.

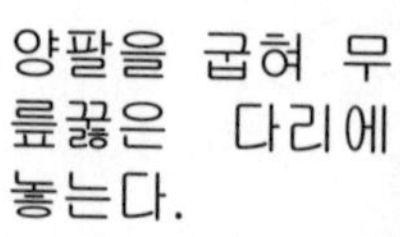

4

양팔을 굽혀 무릎꿇은 다리에 놓는다.

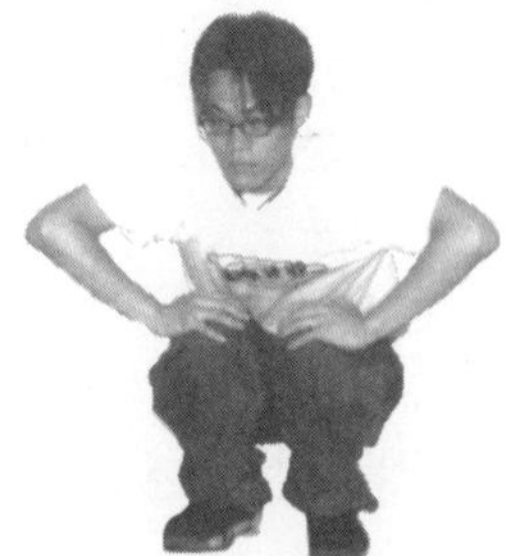

5

재빨리 몸을 오른쪽으로 틀면서 오른다리를 앞으로 뺀다.

6

몸을 뒤로 젖히면서 오른다리를 뒤로 뺀다.

7

오른다리를 왼쪽으로 향하게 앞으로 빼면서 동시에 시계반대 방향으로 돈다.

8

돌아선 자세

9

시계추처럼 왼다리, 오른다리를 번갈아 흔든다. 왼다리 한 박~

10

오른다리 두 박~

11

세 박자에 오른다리가 왼다리 뒤로 빠지면서 팔은 왼쪽으로 향하게 하고 허리를 약간 튼다.

12

빠른 동작으로 오른다리를 뒤로해서 왼다리를 사선으로 끌듯이 당겨 몸을 뒤로 가는 것을 두 번 한다. (1번)

2번

왼쪽사선방향으로 오른
다리를 뒤로 뺀다.

왼다리를 끌어온다.

16

반대방향 오른쪽사선으
로 왼다리를 뺀다.

17

오른다리를 끌어온다.

19

오른다리를 앞으로 하면서 정면으로 가슴을 내민다. (두울~)

18

재빨리 왼다리를 오른방향으로 내밀면서 몸을 뒤로 약간 젖힌다. (하나~)

20

반대방향으로 하기 위해 왼발을 뒤로하면서 몸을 숙인다.

21

왼발을 끌어온다.

23

19번과 반대방향의 자세를 취한다.

22

18번과 반대방향의 자세를 취한다.

24

빠른 동작으로 오른다리와 왼팔을 같이 올린다.

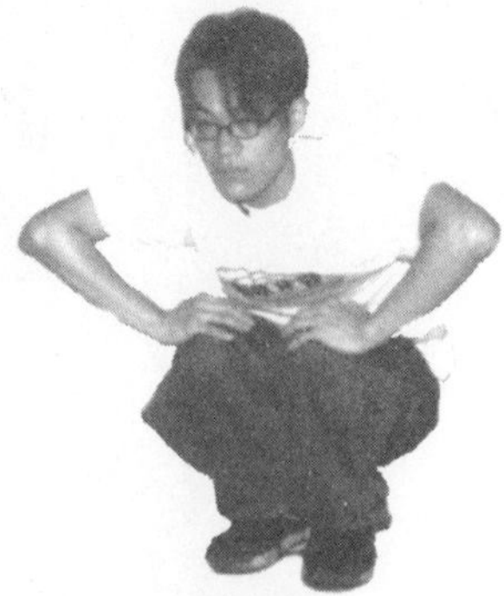

빠른 동작으로 앉는 자세를 취한다.

25

26

오른다리를 앞으로 내밀면서 몸을 약간 오른쪽으로 틀고 동시에 왼팔을 올리고 오른팔은 땅을 지탱한다.

27

왼다리를 바꾸면서 시계방향으로 반쯤 돈다.

28

옆으로 돌아선 자세

29

오른쪽 사선을 향해 손을 바닥에 짚으면서 킥원 자세를 취한다.

30

고개를 안으로 숙이면서 몸이 물결치는 자세를 취한다.

31

연속(물결이 배까지 온 자세)

32

왼다리를 내리면서
반무릎을 한다.

33

오른쪽으로 몸을 틀어 한바퀴 돌아서 제자리 자세를 취한다. (오른발 무릎은 왼발 뒷꿈치 10cm 간격에 두고 달리기 시작 자세로 시계방향으로 돌면서 자연스럽게 일어선다. 다리는 어깨 넓이로 벌리고 어깨는 앞으로 구부리면서 팔은 교차한 상태로 돌면서 원위치로 돌아온다)

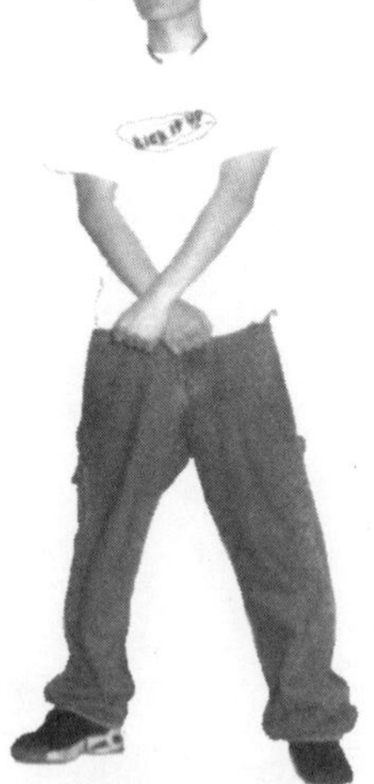

제자리 자세

34

6 하우스(House) 응용 안무 3

흑인들이 집에서 즐기던 것으로 빠른 템포이다. 동작 하나 하나가 다 이어지는 부드러운 느낌이다.

1

기본자세

2

팔을 뒤로 원을 그리듯 앞으로 뻗는다.

연 속

3

5 오른팔을 휘두르면서 왼다리 위에 놓는다.

4 왼팔은 휘감으면서 오른다리 위에 놓는다.

7 5번과 같은 자세를 취한다.

6 두 팔을 옆으로 편다.

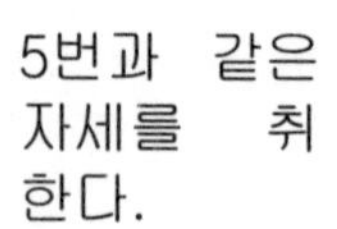

어깨가 달리기할 때 자세로 오른손을 내밀 때 왼다리도 뻗는다.

8

왼쪽으로 몸을 틀면서 상체를 약간 기운다.

발을 바꾸면서 왼팔을 들고 오른다리도 든다.

팔을 당기면서 발을 바꾼다.

10

빠른 동작
으로 선다.

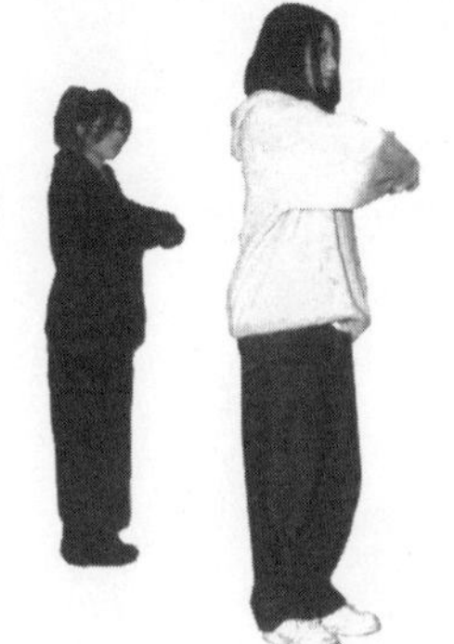

12

13

8, 9, 10
번 자세를
취하면서
11번과 반
대 자세를
취한다.

끌듯이 오른발을
내민다.(하나~)

14

연속(두울~)

15

19

왼다리를 뒤로 뺀다.

18

연속(돌아온
상태)

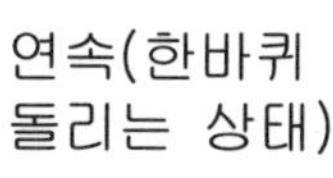

연속(한바퀴
돌리는 상태)

17

16

시계반대 방향으
로 팔을 두르며
몸을 돌린다.

20

오른다리를 뒤로
끌어온다.

21

오른다리를
뒤로 뺀다.

22

왼다리를 뒤로
끌어온다.

23

연속(끌어온
상태)

24

오른다리를
뒤로 뺀다.

25

오른발을 왼발 뒤에
찍고 재빨리 오른다
리를 옆으로 편다.

26

시계방향으로 돌린다.
(돌리기전 자세)

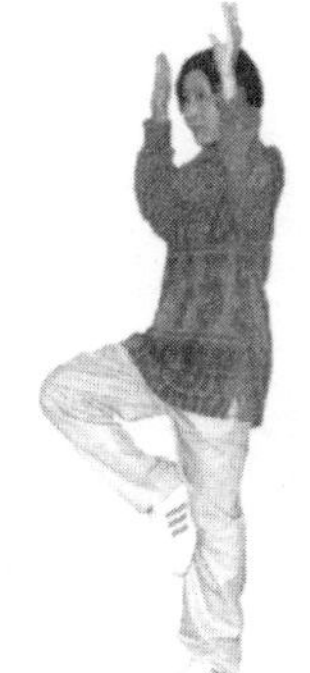

27

연속(돌아가는
자세)

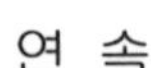

연 속

오른발에 찍고 왼다리를 옆으로 편다.

오른다리를 축으로 시계반대 방향으로 돈다.

돌아가는 자세

31

돌면서 동시에 빠른 동작으로 앉아 왼다리를 앞으로 해 꼬면서 앉는다.

32

33

꼰 다리를 위로 편다.

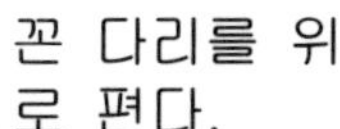

7 하우스 베이직(House Basic)

하우스 스텝으로 오른발을 내밀면서 손도 오른쪽 방향으로 한다.

반대 방향으로 하면서 왼다리를 옆으로 가볍게 뛰듯이 하여 모은다.

오른다리를 뛰듯이 내민다.

왼다리를 놓으며 손도 위로 감아 올린다.

5

감아 올린 손을 내리면서 앉은 다음 왼손을 축으로 두 다리를 옆으로 뻗는다.

6

일어서면서 오른다리를 뒤로 뺀다. 동시에 오른팔은 밖으로 휘돌리고 왼팔도 밖으로 휘돌리며 내린다(오른다리를 뒤로 빼는 자세)

7

오른다리를 앞으로 해서 제자리로 바로 앉으면서 시계반대 반향으로 돈다.

8

왼다리를 축으로 오른다리로 원을 그린다.

9
연속(돌아가는
상태)
10
연속(돌아온
상태)
11
서면서 오
른다리를
재빨리 두
발짝 앞으
로 갔다.
12
오른다리를 놓으면서 옆
돌기를 한다.(옆돌기 전
자세)

13

연속(왼발을 축으로 옆돌기를 하는 자세)

14

옆돌기를 하고 나서 왼발을 앞에 내밀면서 허리를 옆으로 튼다.

15

머리를 바닥에 대고 오른다리를 들면서 마무리 자세를 취한다.

힙합의 4가지 요소

MC

MC는 Mic Checker 또는 Mic Controller의 약자로 말 그대로 관중들 앞에서 랩하는 사람을 말한다. 그러나 MC는 단순히 랩하는 사람이상의 의미를 지니며 자신이 직접 가사를 쓰고 그것을 관중에게 선보이며 이로써 평가받는 사람을 MC라고 한다. 그래서 유명한 MC인 Rakim은 MC를 '관중을 감동시키는 자(Move the Crow)'라고 하기도 했다. 이 MCing의 요소가 바로 힙합 음악에서 가장 표면적으로 나타나는 부분이기도 하다.

DJ

DJ는 Disco Jockey의 약자로 MC에게 음악을 제공하는 사람이다. 과거에는 요즘과 같이 디지털 음악재생 기구가 발달되지 않아 행사가 있으면 DJ들이 두 대의 턴테이블과 믹서로 음악을 틀어주었고 중간중간에 MC가 랩을 함으로써 힙합 음악이 발달하게 되었다. 그래서 80년대만 하더라도 MC들은 DJ와 함께 팀을 이루곤 했는데 이들은 Eric B. & Rakim, Sal'n Pepa, RunDMC, Gangster 등이다. 물론 DAT와 같은 매체의 발달로 최근 DJ의 중요성이 다소 줄어들었지만 아직 많은 DJ들은 프로듀서로 활동하거나 DJing을 하나의 음악적 장르로 발전시켜 Turntablist란 명칭으로 활동하고 있다.

Tagging

Tagging은 Graffiti Artist들이 작품을 완성하고 자신들의 이름이나 별칭(initial)을 그리는 것을 말하며 이들을 Tagger라고 부르기도 한다. Graffiti Art는 벽이나 전철 또는 다리교각 같은 곳에 에어 스프레이 페인트로 독특한 모양의 글자라던가 그림, 또는 문구를 그려 넣는 것을 가리키며, 범죄와 예술의 경계를 넘나드는 예술의 형태이다. 오늘날에 와서는 Graffiti Artist가 더 이상 범죄자가 아닌 예술가로서의 명성을 떨치기도 한다.

B-boy(B-girl)

B-boy(B-girl)에서의 'B'는 Breaking(Break Dance)을 가리키며 곧 B-boy는 Break Dance를 전문적으로 추는 사람을 일컫는다. DJ들은 간혹 음악을 틀다가 Break에 맞추어 춤을 추는 것으로부터 시작되었다. 원래 그 기반은 디스코 댄스이며 차츰 독자적인 Breakin만의 기술 개발로 80년대 그 전성기를 이루었다.

Part 2

HIPHOP & TWISTING

힙합 & 트위스팅

1 트위스팅 기본 동작 [1]

팔을 감듯이 휘두른다.

기본자세

양팔을 양옆으로 휘감아 둘리면서 가슴 앞으로 가져온다. (돌리려는 자세)

돌려서 빠른 동작으로 옆으로 편다. (돌리기전 자세)

연 속

팔을 한번 돌려 머리 뒤로 가져간다.

반대로 손을 돌려 풀면서 아래로 내린다.(내려오기전 자세)

안쪽으로 감아서 팔을 모으는 자세

팔을 안에서 밖으로 뻗으며 팔을 뻗는다.

팔을 제자리로 한다.

양다리를 약간 구부리고 목을 두 박자로 재빨리 꺽으면서 허리도 동시에 굽힌다.(하기전 자세)

마무리 자세

힙합음악 메모

동부랩(East Coast Rap)

동부랩은 비트에 있어서 베이스가 무겁고 샘플링에 크게 의존한다. 샘플한 루프를 별다른 변화 없이 계속 돌리기 때문에 비트가 매우 단조롭다는 생각이 들며 비트보다는 가사에 더 큰 비중을 두는 편이다. 이로 인해 랩에 있어서 별다를 기교 없이도 깊은 내용의 가사를 읊는 경우가 많아 처음 듣는 이에게는 지루하다는 느낌을 줄 수 있다. 대표적인 래퍼로는 Wu-Tang Clan, Mobb Deep, Nas, Redman, Krs-One, Rakim, EPMD, Gangstarr 등이 있다. 최근에는 Puff Daddy와 같은 상업적 랩을 추구하는 프로듀서나 랩퍼들이 동부에서 많이 나옴에 따라 동부랩의 진정한 의미가 무색해지고 있다.

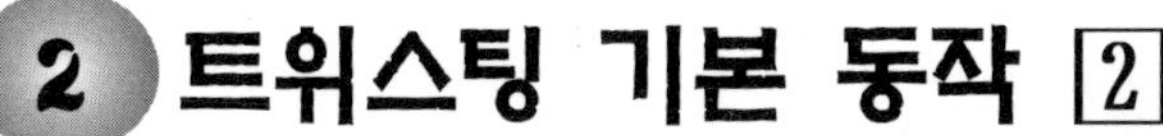

2 트위스팅 기본 동작 [2]

1

기본자세

2

오른팔을 올리면서 오른다리도 같이 올린다.

3

오른다리를 옆으로 뻗으면서 팔을 왼쪽 사선방향으로 찍는다.

4

팔을 가슴에서 포개고 오른다리를 앞으로 올린다.

5

재빨리 오른쪽으로 몸을 기울면서 왼다리를 옆으로 뻗고 팔을 기울게 하여 양옆으로 뻗는다.

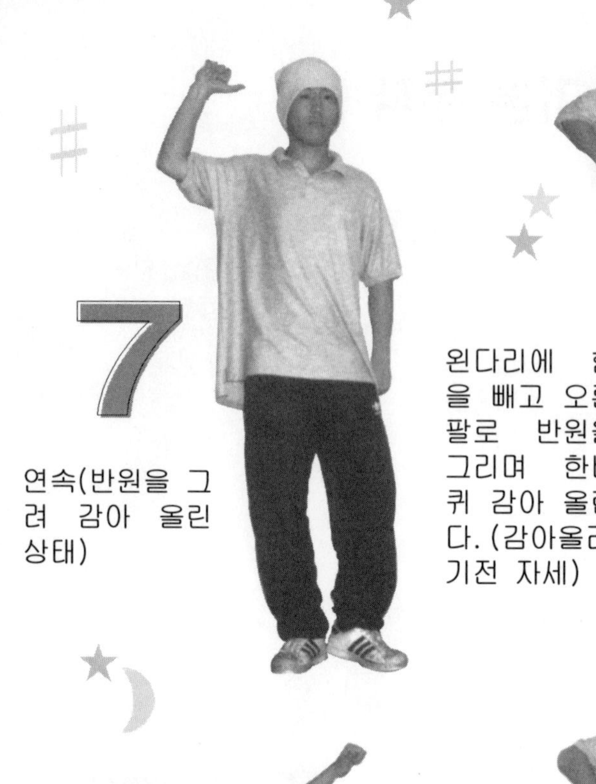

6

왼다리에 힘을 빼고 오른팔로 반원을 그리며 한바퀴 감아 올린다. (감아올리기전 자세)

7

연속(반원을 그려 감아 올린 상태)

8

연속(한바퀴 돌린 상태)

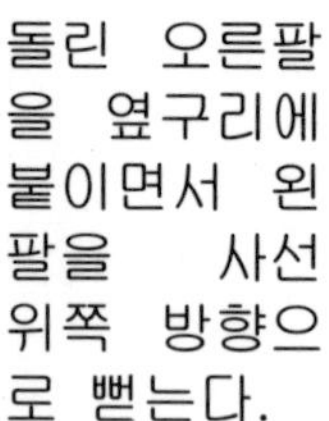

9

돌린 오른팔을 옆구리에 붙이면서 왼팔을 사선 위쪽 방향으로 뻗는다.

3 트위스팅 기본 동작 3

1

기본자세

2

팔을 뻗는다.

3

뻗은 팔을 당기면서 오른다리를 든다.

4

빠른 동작으로 오른다리를 옆으로 뻗으면서 오른팔도 뻗는다.

자세를 바르게 잡는다.

1번 자세에서 반대방향으로 2, 3, 4번의 자세를 취한다.

2번과 같은 자세를 한다.

7

3번과 같은 자세로 왼다리를 든다.

4번과 같은 자세로 왼다리를 뻗는다.

빠른 동작으로 5번 자세로 잡는다.

기본자세로 돌아온다.

4 트위스팅 응용 안무 1

1

기본자세

2

오른쪽방향으로 오른손과 오른다리를 뻗는다.(다리는 약간 굽히고 팔을 쫙편다)

3

빠른 자세로 반대방향으로 뻗는다.

4

몸을 약간 틀면서 오른팔을 올리고 왼팔은 옆구리에 가져간다.

5

몸을 반대방향으로 다시 틀면서 재빨리 오른손을 왼손에 찍는다.

6

몸을 약간 숙인 상태에서 양팔을 엉거주춤한(다리도 엉거주춤) 자세를 취한다.

7

다리를 모으면서 양팔은 안에서 밖으로 감아 올린다. (한바퀴 돌린 자세)

8

감아 올리고 뒤로 팔을 뻗는다.

양팔을 앞에서 한번 모은 후 양팔은 옆으로 짝 펴고 양다리는 벌린다.

10

9

뒤로 뻗는 동시 등뒤에서 손뼥을 친다.

11

다리를 모으면서 양팔을 가슴앞에 X자로 모으고 팔 돌릴 준비자세를 취한다.

12

오른손을 한번 휘감아 돌린다.

13

2번 돌린 후 팔을 옆구리에 붙인다.

14

오른팔은 옆구리를 돌려 내린 후 찍고 동시에 왼팔은 뻗친다.(뻗치기 전의 자세)

15

오른쪽으로 몸을 기울면서 오른다리를 왼쪽 앞으로 뻗는데 이때 오른팔은 옆구리에 대고 왼팔을 옆으로 쫙 편다.

16

뻗은 왼팔을 나란히 하면서 동시에 오른팔과 다리를 든다.

17

재빨리 오른팔을 왼쪽으로 뻗고 오른다리를 옆으로 벌린다.

18

17번과 반대방향으로 한다.

19

제자리로 돌아온다.

20

재빨리 오른다리를 올리면서 오른손은 다시 오른쪽으로 뻗는다. (하나~)

21

다리는 그대로 두고 왼손만 옆으로 뻗는다. (둘~)

22

오른쪽 팔을 아래로 향하게 한다.

23

오른손을 올리면서 빨리 발을 바꾸어 왼발을 든다.

24

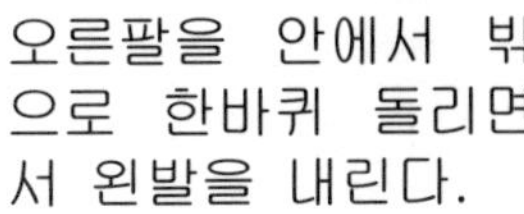

오른팔을 안에서 밖으로 한바퀴 돌리면서 왼발을 내린다.

25

팔을 돌려 내리면서 가슴 앞으로 당긴다.

26

손목을 꺾은 상태로 오른팔을 옆구리에 대고 왼팔은 왼쪽 사선위로 향하면서 다리는 엉거주춤하게 한다.

27

재빨리 팔을 앞에서 모으면서 오른쪽 다리를 든다.

28

오른다리를 뒤로 뻗으면서 옆으로 팔을 쭉 편다. 팔을 안쪽으로 반원 그리면서 감는다.

29

오른쪽 방향으로 몸을 틀어 팔을 밖으로 한바퀴 휘감아 돌리면서 옆구리에 대고 오른다리를 든다.

30

오른다리를 내리는 동시에 팔을 휘감아 돌리면서 위로 올린다.(감으려는 자세)

31

연속(팔을 회전시켜 올린 자세)

32

다시 팔을 휘감아 돌려 내리면서 팔목을 옆으로 구부린 상태에서 팔을 옆구리에 고정시킨다.

정면으로 자세를 잡으면서 왼다리를 내밀고 몸을 숙이며 왼손은 오른쪽 어깨에 대고 오른쪽 팔은 뻗는다.

33

34

활 쏘는 자세로 재빨리 왼팔을 뻗으면서 몸을 앞으로 기울였다가 오른쪽 어깨를 위로 향하게 하여 드는 동시에 왼다리를 앞으로 빼고 몸을 뒤로 젖힌다.

35

동시에 어깨를 바꾸어 왼쪽 어깨를 높인다. 이때 왼다리는 힘을 뺀다.

36

왼쪽으로 몸을 틀면서 오른쪽 어깨로 바꾼다. 오른팔은 가슴을 향하게 하여 몸을 앞으로 하는 동시에 오른다리를 올린다.

37

다리를 차듯이 내리면서 찍고 오른쪽으로 몸체를 기울이며 몸을 내민다.

38

몸은 제자리로 돌아오고 팔은 밖으로 향하게 하여 직각으로 세운다.

39

몸을 약간 왼쪽으로 기울이면서 팔은 안으로 휘는 동시에 오른쪽 밖으로 뻗는다(안으로 휘는 상태)

40

39번의 자세를 뻗은 상태

5 트위스팅 응용 안무 [2]

1

왼다리를 들어 오른손을 그 위에 놓는다.

2

오른다리가 나오면서 오른팔부터 올린다.

3

왼다리를 내면서 반대로 한다.

4

다리를 모으면서 손을 꼬아 올라 머리 위로 향하게 한다.

5

왼다리를 들면서 올린 손을 빠른 동작으로 그 위에 '탁'하고 놓는다.

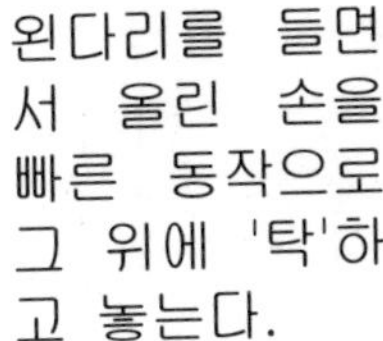

6

오른팔을 오른쪽으로 뻗으면서 왼다리를 굽힌다.

오른발을 앞으로 내밀면서 몸을 뒤로 약간 젖힌다.

8

왼다리를 내밀면서 왼쪽으로 기울인다.

다리와 양팔을 양옆으로 벌린다. 이때 팔은 밖으로 젖힌 상태에서 다리 옆에 붙인다.

10

다리를 모으면서 두 팔은 2번 돌려 머리위로 올린다.

11

빠른 동작으로 손을 무릎에 놓으면서 상체를 숙인다.

12

다시 양다리를 옆
으로 쫙 편다.

13

오른다리만 바닥
에 구부린다.

14

왼다리도
구부린다.

15

다리를 펴면서
한번에 일어선다.

16

다리에 힘을 빼고
팔을 2번 휘감으
면서 머리위로 올
린다.

17

한바퀴 돌려 내리
면서 손을 마주잡
고 팔을 뻗는다.

22

목과 몸을 내밀었다 넣었다를 재빨리 두 번 끊어지듯 꺾으면서 엉거주춤한 자세를 취한다.

21

팔을 돌려 감으며 다시 내린다.

19

양팔과 양다리를 힘있게 편다.

20

다리를 모으면서 팔을 2번 휘감으면서 다시 머리 위로 올린다.

18

왼팔을 뒤로 당기고 오른팔을 펴면서 왼쪽으로 몸을 기운다.

6 트위스팅 응용 안무 [3] - Upper Two

1

오른쪽, 왼쪽으로 손을 뻗는다.

2

3

연속(위로 찌르는 상태)

다리를 벌리면서 오른쪽 어깨에 리듬감 있게 쿵쿵거리고(하나~, 두울~) 오른손으로 아래로(세엣~) 한 번, 위로 한 번(네엣~)찌른다(아래로 찍는 상태)

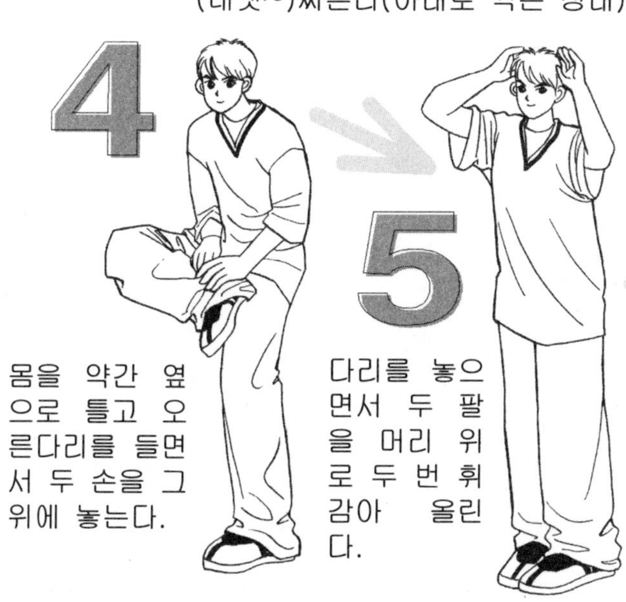

4

몸을 약간 옆으로 틀고 오른다리를 들면서 두 손을 그 위에 놓는다.

5

다리를 놓으면서 두 팔을 머리 위로 두 번 휘감아 올린다.

6

가볍게 뛰면서 팔을 내리고 오른다리는 든다.

7

오른다리를 왼쪽으로 찬다.

8

재빨리 왼다리를 들면서 왼손으로 친

9

밖으로 왼다리를 밖으로 뻗으면서 빠른 동작으로 다리를 모은다.

10

오른다리를 뒤로 빼고 몸은 약간 젖힌 상태에서 팔을 앞으로 모은다.

11

두 팔로 무릎을 두 번 치고 왼손을 머리 위로 가져간다.

12

팔을 구부려 머리에 댄 채 제자리로 바로 선다.

13
두 발을 앞에서 밖으로 모았
다 폈다를 재빨리 하면서 엉
거주춤하게 자세를 취한다.
14
두 팔 사
이에 왼다
리를 올린
다.
15
오른팔을 휘감아 올렸
다가 빨리 왼발 뒷쪽을
치고 난 뒤 왼발 앞쪽
을 친다.
16
연속(앞을
치는 자세)
17
바로 서서 박
수를 치며 점
프를 한다.
18
다리를 벌리며 착지를 하는
동시에 무릎꿇고 앉는다.

연속(앉은 자세)

일어서면서 무릎을
탁 치고 팔을 올린다.

21

다리를 앞뒤로 쫙
벌리며 다시 앉는다.

22

오른팔을 감아
올린다.

23

몸을 앞으로 숙이며 마무
리 자세를 취한다.

7 그룹 트위스팅

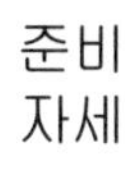

1

준비 자세

2

왼발을 오른쪽 앞으로 하면서 오른팔을 감아 올린다.

3

오른발을 옆으로 펴면서 상체를 왼쪽으로 하고 왼손을 뻗는다.

4

오른 다리를 앞으로 내밀면서 상체를 오른쪽으로 틀어 오른손을 뻗는다.

9

오른쪽으로 몸을 기울면서 오른손으로 왼손을 친다.

8

연 속

7

왼쪽, 오른쪽으로 다리를 팔로 한 번씩 감싼다.

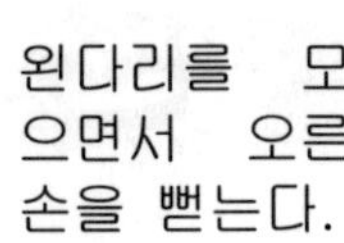

6

왼다리를 모으면서 오른손을 뻗는다.

5

다리를 벌리면서 오른손은 아래로 하고 왼손은 옆으로 뻗는다.

10

오른다리를 약간 굽힌 채 앞으로 내밀고 오른손을 머리 위로 한다.

11

왼다리를 옆으로 펴면서 왼손을 뻗는다.

12

왼다리를 앞으로 하면서 몸을 왼쪽으로 기울이고 오른손은 왼쪽 아래로 내린다.

13

정면으로 오른다리를 들면서 오른팔을 옆으로 편다.

14

왼다리를 내밀면서 등뒤에서 손을 마주 친다.

다리를 벌리면서 오른손은 아래로 내리고 왼손은 옆으로 뻗는다.

15

오른다리를 굽히고 몸을 약간 오른쪽으로 기울인다.

16

손을 X자로 올린다.

17

재빨리 왼다리를 옆으로 쫙 펴고 양손을 사선으로 벌리면서 마무리 자세를 취한다.

18

Part 3

HIPHOP & HIPHOP

힙합 & 힙합

1 힙합 기본 동작 [1]

흐느적거리며 동작이 이어지는 자세이다.

1

기본자세

2

오른팔을 밖으로 돌리면서 오른다리를 든다.

3

밖으로 돌린 팔을 오른쪽 옆으로 꺽으면서 오른다리도 놓는다.

4

2번과 반대동작을 한다.

5

3번과 같은 방법으로 왼다리도 놓는다. 반복동작으로 3회 한다.

2 힙합 기본 동작 [2]

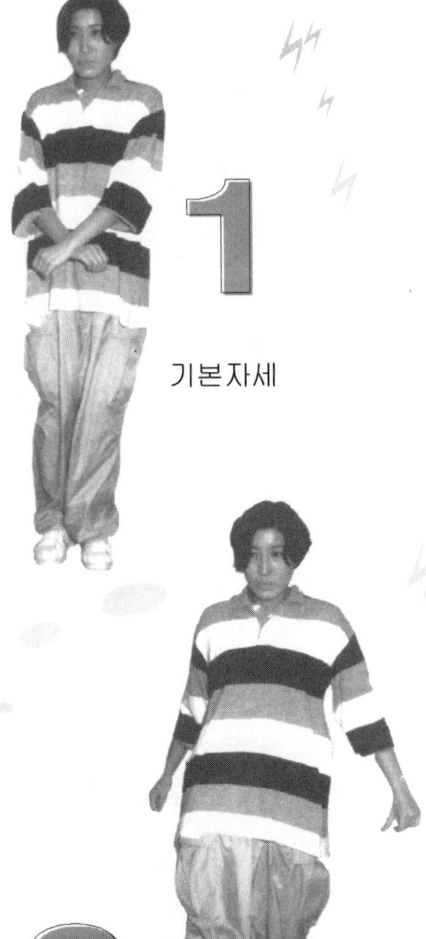

1

기본자세

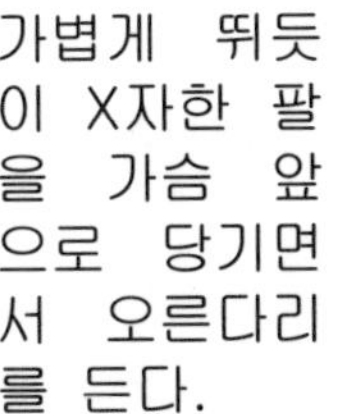

가볍게 뛰듯이 X자한 팔을 가슴 앞으로 당기면서 오른다리를 든다.

2

3

양팔을 뒤로 빼면서 목과 허리 아래 부분을 내밀면서 오른다리도 내민다.

4

양팔을 앞으로 겹치면서 상체를 앞으로 숙인다.

5

왼다리를 꿇으면서 앞가슴을 내밀고 팔은 뒤로 뺀다.

6

오른다리를 뻗으면서 양팔은 앞에서 포개고 상체를 앞으로 숙인다. (이때 앞가슴을 내밀었다 넣었다를 재빨리 한다)

7

오른다리를 감으면서 시계 방향으로 돈다.

8

오른다리를 반무릎하여 세운다.

반무릎한 오른다리를 동시에 왼다리 앞으로 돌려 옆으로 편다.

9

10

연속(감아 돌 때 왼다리를 뛰어넘는다)

11

뛰어넘은 자세

❸ 힙합 기본 동작 3

기본자세

왼손을 오른쪽으로 뻗으면서 오른다리를 약간 굽힌다.

연 속

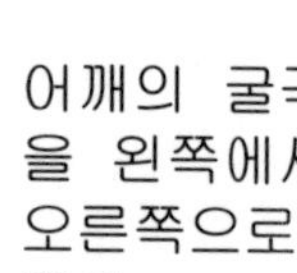

어깨의 굴곡을 왼쪽에서 오른쪽으로 준다.

이 동작을 이어
서 반복한다.

반대로 왼손을 올
리면서 몸을 오른
쪽으로 기울인다.

6

오른손을
내린다.

5

재빨리 오른팔을 앞가슴
까지 올리면서 몸을 왼쪽
으로 약간 기울이고 왼다
리를 약간 굽힌다.

4 힙합 응용 안무

손목과 다리 모양에 중점, 회전할 때 다리를 재빨리 바꾼다.

기본자세

팔을 2번 휘돌려 감으면서 위로 올리는 동시에 상체를 옆으로 틀면서 같이 올린다.

연 속

연 속

5 감은 뒤의
동작 상태

6

이 상태에서 빠른 동작으로 몸에 웨이브를 준다(앞가슴부터)

7 허리에서 엉덩이까지 굴곡을 준다.

8

굴곡을 준 다음 팔을 한번 교차한 뒤 다리를 벌리면서 다리 위에 손을 놓는다.

9 다리를 모은다.

10 재빨리 다시 편다.

11 다시 모으면서 양팔을 엉거주춤하게 양옆으로 꺾어 아래로 향하게 한다.

12 이 상태에서 어깨만 더 들썩인다.

13

대퇴부 다리를 모으면서 손을 위로 향하게 올리고 손목도 세운다.

14

다리에 약간 힘을 빼면서 모으고 팔을 아래로 향하게 한다.

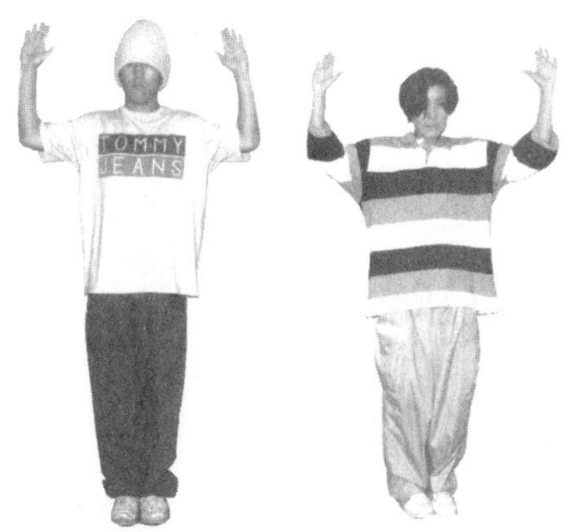

15

다리를 완전히 바짝 모으고 팔을 위로 향하게 한다.

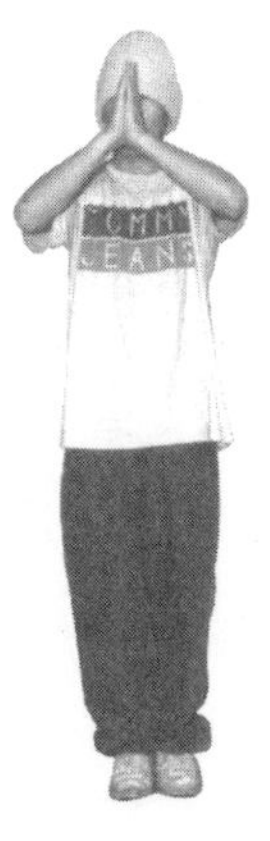

16

팔을 앞에서 모은다.

17

동시에 오른다리를 왼발 옆에 쿵 내밀면서 몸을 오른쪽으로 약간 틀면서 팔도 오른쪽으로 꺾는다.

18

왼다리를 다시 내밀면서 팔 동작과 몸 방향을 반대로 약간 돌린다.

19

오른다리를 옆으로 가져오고 왼다리를 펴면서 목과 손목을 왼쪽 방향으로 향하게 한다.

20

오른쪽으로 몸을 돌리면서 팔을 아래로 돌려 내린다.

21

연속(오른다리를 약간 굽히면서 팔을 내린 상태)

22

왼쪽으로 팔의 방향을 돌린다.

이어서 빠른 동작으로 왼팔을 왼쪽으로 뻗는다.

23

24

왼팔을 당기면서 상체를 약간 내밀고 왼다리는 약간 굽힌다.

25

오른다리를 앞으로 끌면서 상체를 내미는 동시에 몸을 아래로 굴곡 있게 한다(몸을 앞으로 숙이면서 오른다리로 끌 자세를 취한다).

연속(몸을 뒤로
젖힌다)

26

몸이 다시 앞으로 부드럽게 숙이면서 시계반대방향으로 반쯤 돌린다.

27

연 속

28

29

오른다리가 왼다리를 뛰어 넘으면서 자유로운 프리즈 자세를 취한다.

30

연속(뛰어 넘는 상태)

31

연속(왼다리는 원을 그리며 옆으로 편다)

32

연속(몸을 뒤로하면서 프리즈를 한다)

5 Japan Style Hiphop

5

재빨리 오른다리를 옆으로 펴면서 오른손도 뻗는다.

6

왼다리를 끌어 모으면서 상체가 끌려가듯이 하여 왼팔을 앞으로 내민다.

7

오른다리를 들면서 오른손으로 다리를 가볍게 친다.

8

오른다리를 앞으로 놓으면서 오른쪽 어깨를 높인다.

몸을 오른 쪽으로 튼다.

왼발을 옆으로 하면서 팔도 왼쪽으로 향한다.

이어서 바로 몸에 웨이브를 준다.

팔을 교차하면서 몸은 정면으로 한다.

13

팔을 약간 벌린 듯 한다.

14

재빨리 팔을 올리면서 왼다리를 휘듯이 든다.

15

왼다리를 들면서 손으로 왼다리를 짚는다.

16

왼다리를 내리면서 손을 모아 왼쪽으로 향하게 한다.

17

손을 꼬아 올렸
다 내리면서 다
리를 벌린다.

18

몸을 오른쪽에서 왼
쪽으로 굴곡 있게
한다. (하려는 자세)

연속(굴곡
을 주고 있
는 자세)

19

20

오른다리를
올렸다가 몸
을 바로 세
운다.

이어서 빠른 동작으로 오른다리를 들면서 몸을 오른쪽으로 튼다.

왼쪽으로 몸을 다시 튼다.

틀면서 몸에 웨이브를 주며 앉는다.

오른손으로 오른다리를 잡고 반쯤 돌다가 재빨리 왼손으로 왼다리를 잡으면서 등으로 돌아눕는다.

연속(왼다리를
잡은 상태)

연속(돌아누운 상태)

허리를 든다.

재빨리 왼다리
를 뻗으며 왼쪽
으로 앉는다.

일어서면서 몸을 뒤로 빼면서 오른다리를 찬다.

29

30

발을 놓으면서 다리를 약간 구부리고 팔을 벌린다.

31

오른쪽으로 몸을 끌 듯이 옆으로 돌린다.

재빨리 자세를 바로 하면서 무릎에 손을 올리고 마무리 자세를 취한다.

32

Part 4

HIPHOP & BREAKING

힙합 & 브레이킹

1 업락(Up Lock) 기본 동작

업락은 꼭 기술이 있는 것이 아니고 리듬을 타면서 스텝을 밟는 것이므로 기초는 리듬을 타는 것이라고 해야한다. 가볍게 뛰면서 힘있게 팔을 휘두르고 팔과 다리를 쫙 편 상태로 유지한다.

1

기본자세

2

오른다리를 왼다리 앞으로 뻗으면서 양팔을 벌린다.

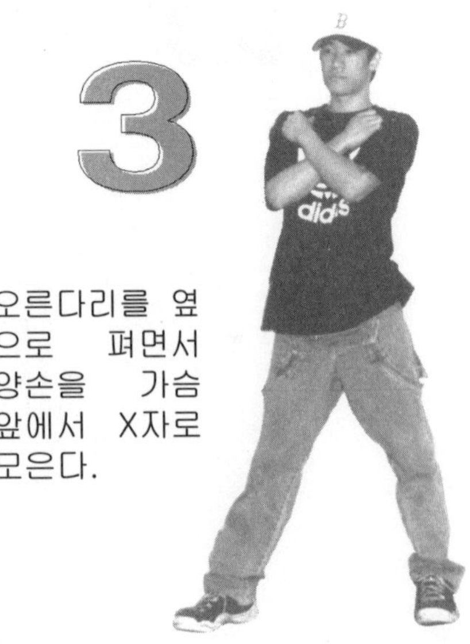

3

오른다리를 옆으로 펴면서 양손을 가슴 앞에서 X자로 모은다.

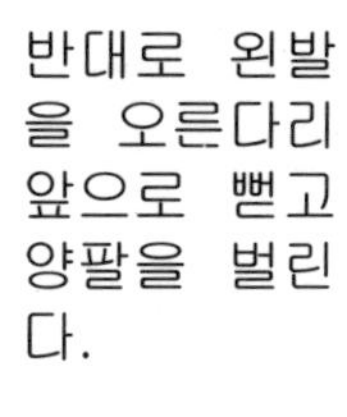

4

반대로 왼발을 오른다리 앞으로 뻗고 양팔을 벌린다.

5

왼발을 펴면서 양손을 가슴 앞에 다시 X자로 모은다

6

사선 왼쪽 방향으로 살짝 뒤듯이 몸을 틀어 오른발을 구부려 왼다리 뒤에 댄다.

7

사선에서 몸을 빠른 동작으로 세우고 몸을 약간 틀면서 발을 바꾼다. (바꾸기 전 자세)

8

반대로 오른팔을 왼다리 뒤에 댄다.

9

다리를 놓으면서 제자리로 돌아온다.

10

앞으로 왼팔을 뻗으면서(스윙하듯이 권투에서 상대를 치듯) 오른다리를 앞으로 찍는다.

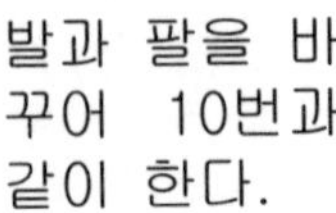

발과 팔을 바꾸어 10번과 같이 한다.

11

오른다리를 앞으로 내밀면서 허리를 내민다. 오른팔은 뒤로하고 왼손은 가슴 앞까지 올린다.

12

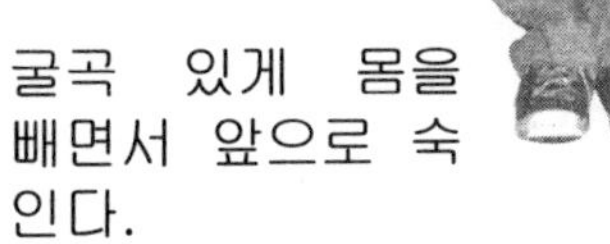

13

굴곡 있게 몸을 빼면서 앞으로 숙인다.

14

마무리 자세

2 풋워크 기본 동작

중점은 발을 끌듯이 다리를 번갈아 가면서 뛰고 오른다리를 구부리며 차듯이 왼다리를(몸을 돌림) 가져온다. 팔은 재빨리 바꾸고 다리를 뒤로 쓸듯이 벌려 손을 짚고 일어선다.

1

왼손으로 지탱하고 왼발을 오른발 앞으로 내민다.

2

다리가 꼬이듯 오른발이 왼발을 밀어주면서 원을 그린다.

3

오른발이 왼발을 민 상태

연속(정면에 온 상태)

4

5

오른손을 지탱하고
오른발을 내민 상태

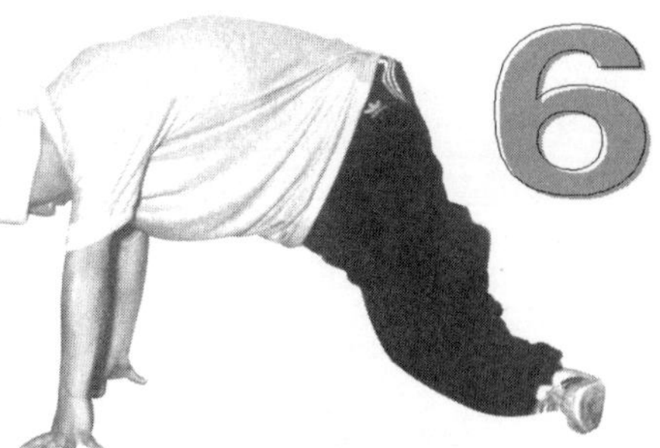

6

몸을 돌려 양손을
바닥에 짚고 오른
다리를 푼 상태

원을 그리면서
제자리 자세를
취한다.

7

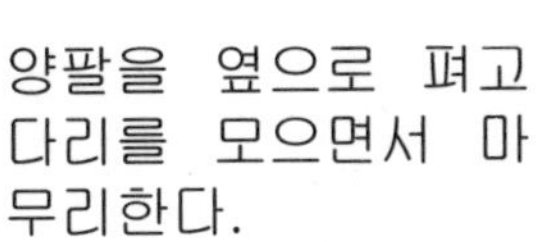

양팔을 옆으로 펴고
다리를 모으면서 마
무리한다.

8

3 프리즈(Freeze) 기본 동작

마무리 자세를 취할 때 보통 쓰이는 것으로 머리를 바닥에 대고 다리를 공중에 띄운다. 배를 하늘로 향하게 하는 자세와 물구나무서기자세로 응용된다.

4 업락 · 풋워크 · 프리즈 응용안무 1

【업 락】 왼쪽으로 몸을 숙이며 오른발을 들고 왼발로 찍는다.

1

【업 락】 몸을 숙인 상태에서 오른발을 내민다.

2

【업 락】 재빨리 오른쪽으로 방향을 틀어 오른발을 든다.

3

【업 락】 오른발을 내밀면서 왼발을 든다.

4

5

【업 락】 정면으로 몸을 숙이면서 왼발을 찍는다.

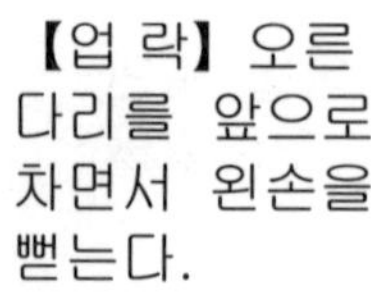

6

【업 락】 오른다리를 앞으로 차면서 왼손을 뻗는다.

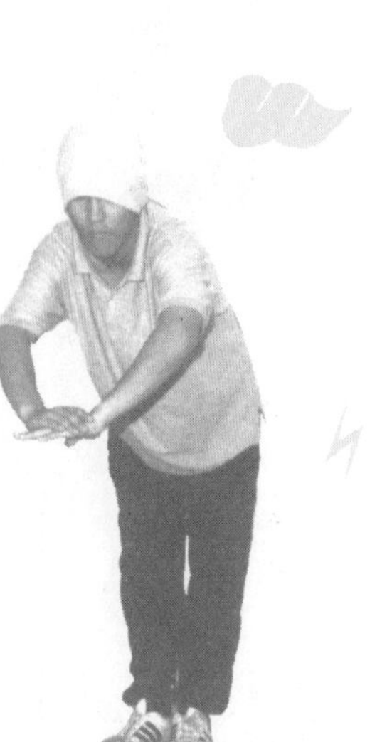

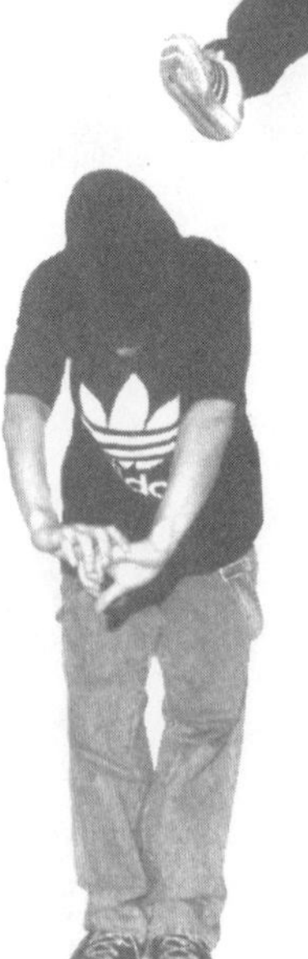

7

【업 락】 오른다리를 끌면서 양손을 포개면서 몸을 앞으로 숙인다.

【업 락】빠른 동작으로 뒤에서 손뼉을 마주친다.

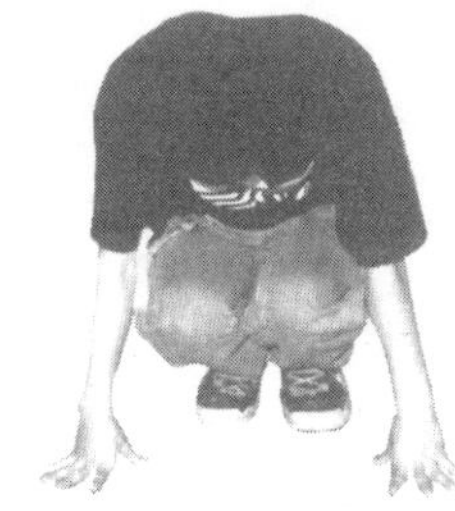

9

【업 락】빠른 동작으로 앉는다.

【풋워크】왼손을 짚고 왼발을 구부려 반쯤 일어선다.

11

【풋워크】오른발로 원을 그린다.

12

【풋워크】 연속동작으로 원을 그리는 자세

13

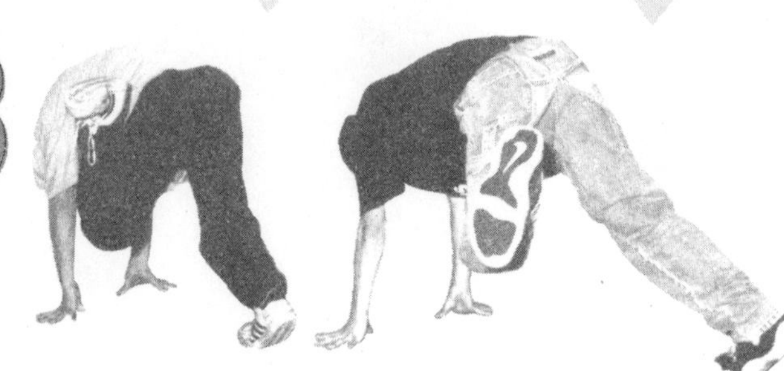

【풋워크】 돌아 온 후 발을 바꾸어 왼발을 든다.

14

【풋워크】 반대로 감아 돈다.

15

【풋워크】 오른 발을 든다.

【풋워크】 왼발을 다시 든다.

16

【풋워크】 오른 다리 앞으로 왼 발을 가져간다.

17

18

【풋워크】 몸을 틀면서 몸을 위로 향하게 한다.

【풋워크】 몸을 돌리려고 왼다리로 오른다리를 감는다.

19

20 【프리즈】 다리를 든 자세를 취한다.

21 【프리즈】 다리를 내린다.

22 【프리즈】 몸을 빨리 돌려 허리를 든 채 위로 향하게 한다.

5 업락 · 풋워크 · 프리즈 응용안무 [2]

팔을 오른쪽으로 구부렸다 폈다 하면서 오른다리도 같은 자세를 취한다.

1

구부리는 상태

2

반대로 왼쪽으로 한다.

3

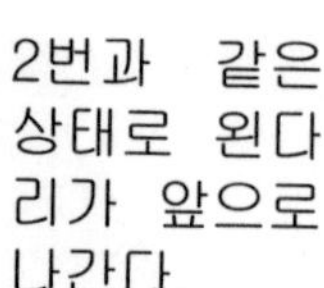

2번과 같은 상태로 왼다리가 앞으로 나간다.

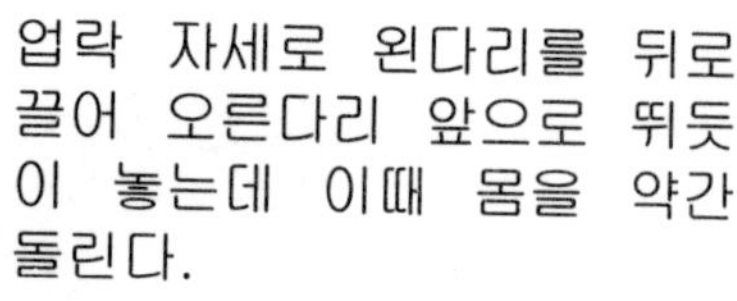

업락 자세로 왼다리를 뒤로 끌어 오른다리 앞으로 뛰듯이 놓는데 이때 몸을 약간 돌린다.

발을 바꾸어 반대로 돈다. (발 바꾸는 상태)

오른다리를 축으로 시계반대 방향으로 돈다.

5번과 같은 상태로 반대자세를 취한다.

연 속

10

돌아온 상태

11

오른다리를 뒤로하면서 두 팔을 뒤에서 마주친다.

12

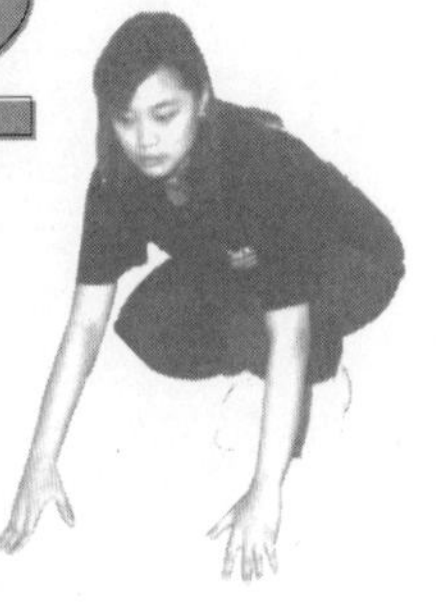

재빨리 몸을 굴곡 있게 움직이면서 무릎을 구부리고 앉는다.

13

왼손을 축으로 몸을 시계반대방향으로 돌리면서 왼다리를 폈다 굽힌다.

14

연 속

오른손을 축으로 반대로 오른다리를 폈다 굽힌다.

15

16

연 속

17

제자리로 온다.

18

재빨리 왼다리를 오른쪽
다리를 감아 일어선다.

19

연 속

20

몸을 오른쪽으로 향하게 하여 왼다리를 오른쪽 다리 앞으로 돌려 감으면서 몸을 시계방향으로 돈다.

연 속

21

22

연 속

23

왼다리를 앞으로
내민다.

빠른 동작으로
세우며 일어선
다.

Part 5

HIPHOP & TECHNIC

힙합 & 테크닉 응용

1 원킥(One Kick)

팔을 짚고 누운 상태에서 한 다리를 차주는 것

★ 원킥(One Kick) A

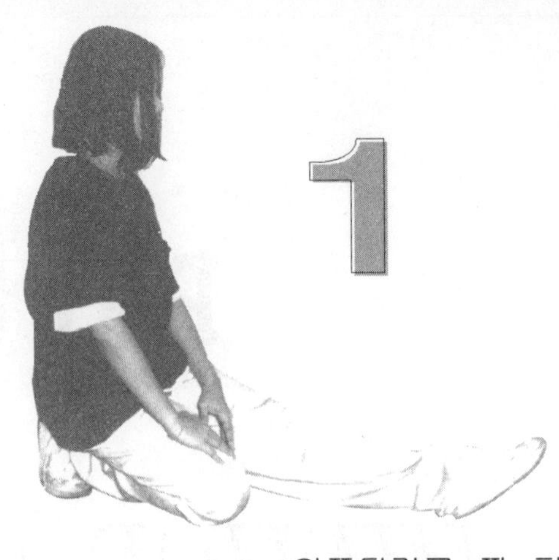

왼쪽다리를 쫙 펴고 오른쪽 다리를 무릎꿇는다.

발을 차려는 자세를 취한다.

연 속

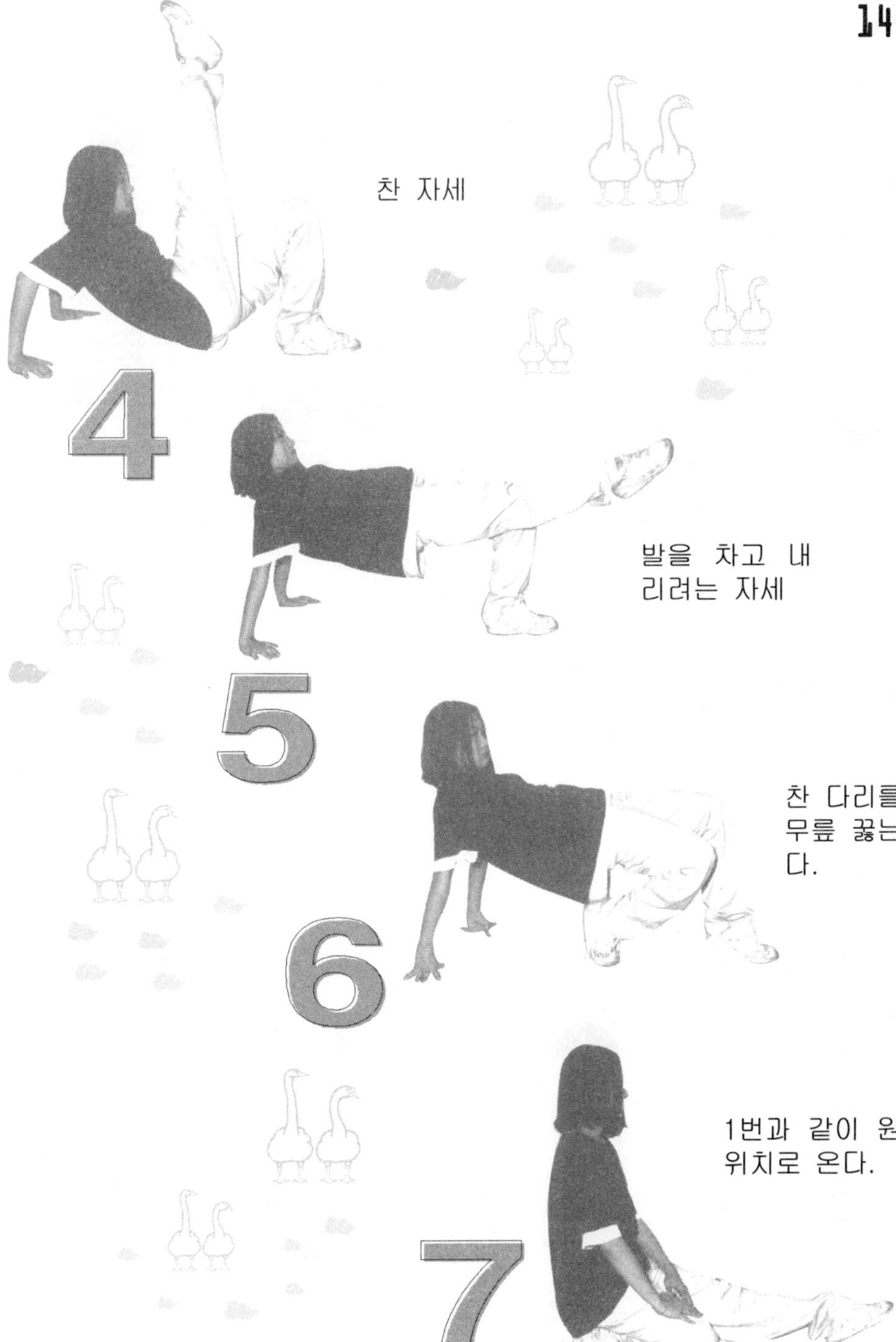

찬 자세

4

발을 차고 내
리려는 자세

5

찬 다리를
무릎 꿇는
다.

6

1번과 같이 원
위치로 온다.

7

★ 원킥(one kick) B

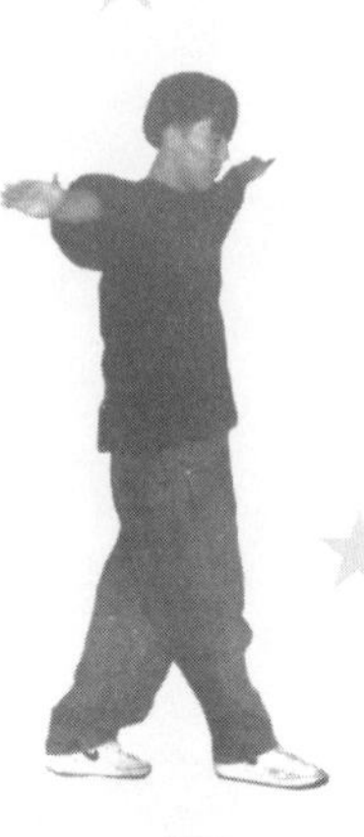

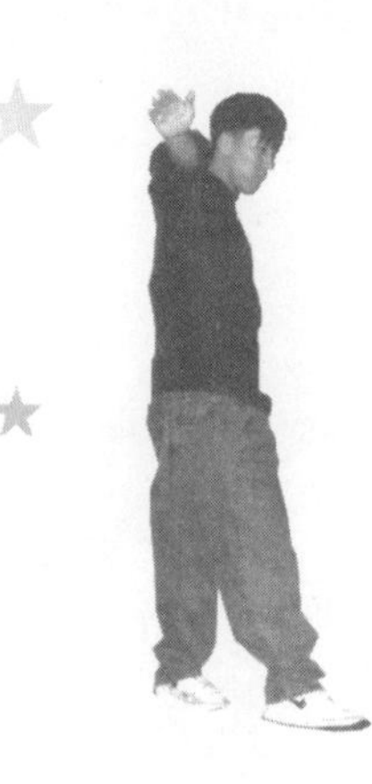

1

리듬감 있게 팔을 벌리며 오른다리를 왼쪽으로 가져온다.

2

반대로 왼다리를 오른쪽 다리 앞으로 내민다.

3

손을 무릎에 놓는 동시에 다리를 벌린다.

4

모은 손을 위로 약간 올리면서 동시에 다리를 뻗는다.

연속(다리를 뻗으면서 허리도 같이 쫙 편다)

다리를 올린다.

올린 다리를 다시 내린다.

8

다리를 내리면 서 빠른 동작으로 앉는다.

일어선다

9

10

마무리 자세

2 나 이 틴(1990)

1 기본자세

2 몸을 숙이며 다리를 약간 틀고 몸과 같이 팔만 돌린다.

3 돌면서 물구나무를 선다.

연속(선 자세)

연속(물구나무서는 자세)

연속(돌아가는 자세)

이 상태에서 다리를 모으고 시계반대 방향으로 돈다.

연 속
8
연 속
9
돌아온
상태
10

3 레인보우(Rainbow)

기본자세

몸을 뒤로 넘긴다.

연 속

힙합음악 메모

컨셔스 랩(Conscious Rap)

이미 오래 전에 생겨서 개념적으로 자리가 잡힌 탓에 랩의 한 분류 내지 분파로 자리를 굳혔지만 매우 구분이 애매한 장르로 완전한 정의는 어렵다. 이 말은 인위적으로 만들어진 것으로 글자 그대로 보면 뭔가 지각이 있는 랩, 양식이 있는 랩 정도로 표현할 수 있는데 어떤 이들은 Intelligent Rap이라 부르기도 하나 일반적으로 긍정적(Positive) 메시지를 담은 랩으로 정의된다. 이것의 출현 배경 역시 불우했던 흑인사회에 대한 자각과 그것으로부터의 탈피에 대한 열망이 동기가 된다. 직접적으로는 80년대 말, 90년대 초에 유행했던 Gangster Rap에 대한 Anti-ganster적 조류라고 볼 수 있다. 즉 갱스터 랩들이 폭력적인 삶을 부채질하고 갱스터를 영웅시하거나 여성을 비하시키는 내용으로 일괄했던 점이 단지 랩에서 뿐만이 아니라 흑인문화 전반에 나타나 영화, 사회 등이 전반적으로 폭력화되어 가는 점에서 이에 대한 긍정적 돌파구를 찾자는 움직임의 일환이었다.

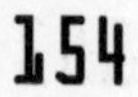

4 백 스핀(Back Spin)

등으로 회전

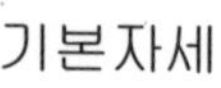

1 기본자세

2 왼발로 찬 힘으로 등을 축으로 돌린다.

발을 차고 양다리를 재빨리 잡는다.

3

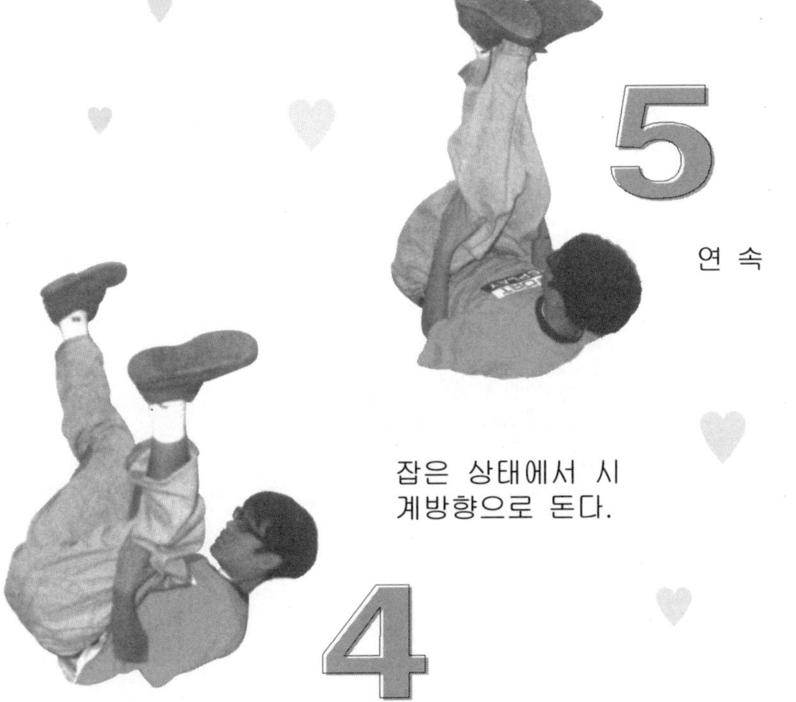

잡은 상태에서 시
계방향으로 돈다.

8

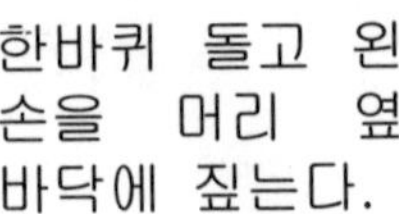

한바퀴 돌고 왼
손을 머리 옆
바닥에 짚는다.

9

빠른 동작으로
오른손을 왼손
에 옆에 짚으면
서 몸을 왼쪽으
로 돌린다.

10

연 속

11

연 속

12

재빨리 오른손을 머리 위에 놓으면서 다리를 쫙 편다.

13

양팔을 머리 위에 놓으면서 다리를 거꾸로 꺾어 자세를 착지한다.

5 베이비 스와입스(Baby Swipes)

상·하체가 분리되는 느낌으로 다리를 돌리는 것

상체를 먼저 들고 하체를 든다. 꽈배기처럼 몸을 꼬아서 풀 듯이 팔을 휘두른다.

오른다리를 차면서 허리를 돌리려는 자세

3

오른쪽으로 몸을 돌리면서 두 다리를 공중에 띄운다.

4

다리를 돌려
내린다.

5

왼다리가 뒤로
돌려지면서 몸
을 빠른 동작으
로 세운다.

7

6

연속(돌리는
자세)

왼다리를 뒤에
서 빼면서 원
위치 한다.

6 원 헨 드

기본자세

왼손을 지탱하고 오른다리를 차면서 시계반대방향으로 돈다.

오른손으로 바꾸어 바닥에 짚으면서 다리를 돌린다.

연 속

5

연 속

6

연 속

7

연 속

8

돌다가 다음하
고 싶은 안무
로 이어간다.

7 토마스(Tomas)

★ 토마스(Tomas) A

2

왼손을 축으로 왼다리를 뒤로 원 그리듯 돌려 오른다리를 찬다.(이때 허리를 돌리고 다리는 힘있게 하되 굽히면 안 된다. Y형으로 3번만에 완성한다)

1

기본자세

3

발 차려는 자세

4

왼발로 오른
발을 찬다.

5

두 다리를 공
중에 두고 몸
을 쫙 편다.

6

찬 왼발을
돌려 왼쪽
으로 편다.

7

오른손을 바닥
에 지탱하면서
다리를 쫙 펴면
서 돌린다.

8

오른손으로 지
탱하면서 오른
다리를 왼쪽으
로 민다.

오른다리를
오른쪽으로
벌리면서 착
지한다.

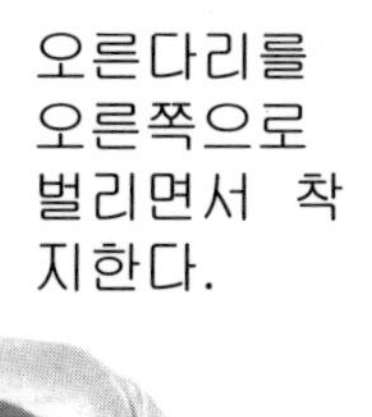

9

★ 토마스(Tomas) B

기본자세

왼다리를 내밀면서 왼손을 뒤로하고 몸을 약간 뒤로 젖힌다.

왼다리를 뒤로 빼면서 몸을 숙인다.

4

왼다리를 원
그리듯 뒤로
한다.

연속(돌아가는 자세)

공중에서 왼다리를
돌려 편다.

6

7

연속(오른팔에 힘을 준 상태에서 몸이 돌아온 자세)

8

연속(돌아온 몸을 숙이고 다리를 내리려는 자세)

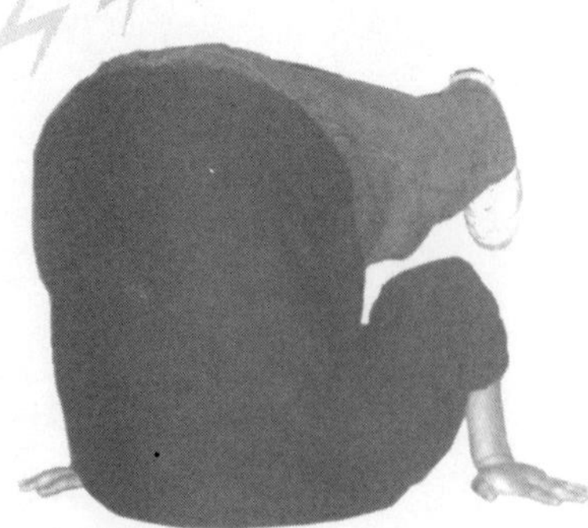

9

다리를 내린다.

8 윈드밀(Wind Mill)

다리를 돌리는 것

★ 윈드밀(Wind Mill) A

1

기본자세

2

오른다리를 왼쪽으로 돌리면서 하체를 공중으로 띄운다.

3

돌기전 자세로 왼다리가 옆으로 가는 자세

4

왼다리 옆으로
간다.

5

연 속

6

연 속

7

연 속

8

연 속

9

연 속

한바퀴 돌고 왼 다리를 돌려 자세를 빠른 동작으로 잡는다.

10

11

마무리 자세

★ 윈드밀(Wind Mill) B

1

기본자세

윈손을 바닥에 짚고 몸을 시계 반대 방향으로 돌린다.

2

3

동시에 등을 축으로 몸을 돌린다.

4

연 속

왼손을 재빨리 짚으며 시계반대 방향으로 돈다.

9

연 속

10

연 속

11

연 속

12

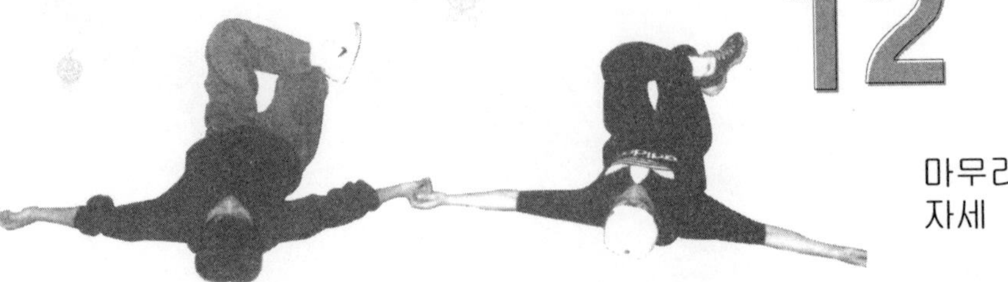

마무리
자세

9 헤드스핀(Head Spin)

물구나무 상태로 머리를 돌린다.

1 물구나무 서려는 자세

물구나무 선 상태 2

3 시계반대방향으로 머리를 돌린다.

4

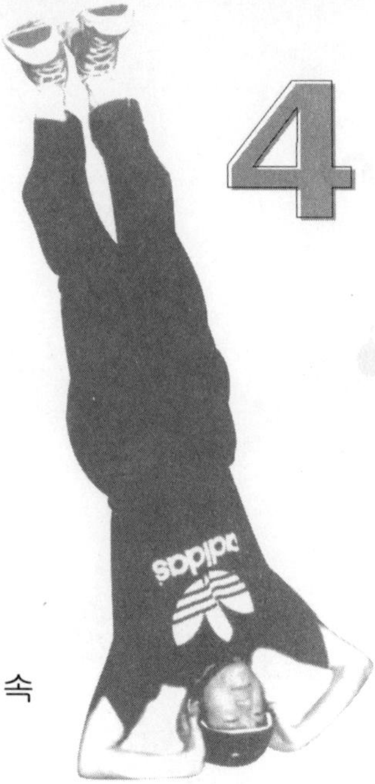

연 속

5

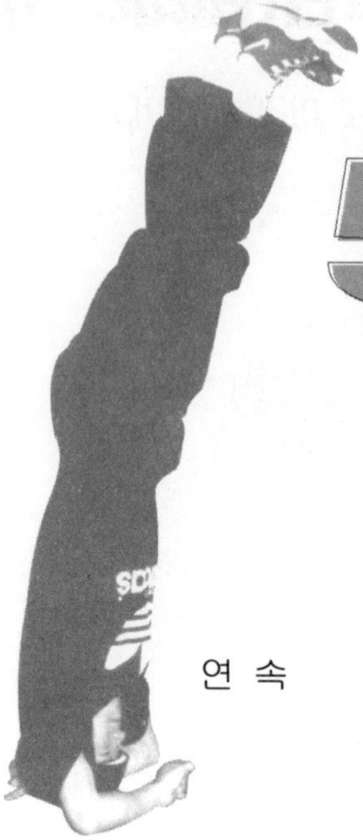

연 속

6

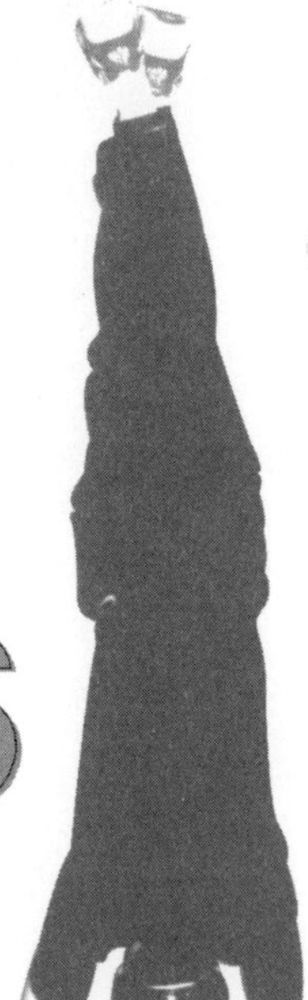

연 속

7

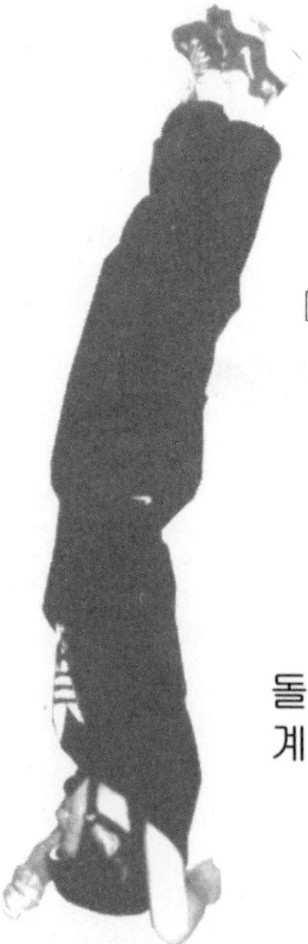

돌리는 것을
계속한다.

10 웨이브(Wave)

몸이 이어지게 몸에 굴곡을 주는 연속동작이다. 왼쪽 방향으로 물결치듯 한다.

★ 웨이브(Wave) A

시작자세

오른손부터 구부려 왼팔로 파도물결을 일으킨다.

오른쪽 손목

4

팔꿈치

5

오른쪽 어깨

8
연 속
9
왼쪽 팔꿈치
왼쪽 손목
10

11

왼 손

12

왼손가락

13

완전한 동작 (마무리 자세는 첫 장면과 같다)

★ 웨이브(Wave) B

왼손은 웨이브를 주는 부위를 가르키면서 오른쪽 손가락을 꺽는다. 이 꺽는 각도가 조금씩 바뀌는데 이 순서를 거꾸로 연속하여 이어준다. 오른손부터 웨이브를 시작해 온몸 전체에 웨이브를 준다.

시작자세

오른손가락부터 웨이브를 준다. (왼손이 오른손가락을 가르침)

오른 손목

연 속

오른 팔꿈치

오른쪽 어깨

앞가슴

8

허리

아랫배

9

10

대퇴부

11

무릎까지
빠른 동작
으로 한다.

11 문워크(Moon Walk)

마이클 잭슨의 발을 물결치듯 뒤로 끌면서 가는 동작인데 다리를 끌면서 무릎을 꺾는 동작으로 브레이크 댄스를 연상한다. 다리변화를 크게 하는 것을 중점으로 한발의 뒤꿈치만 들었다가 내림과 동시에 다른 발을 뒤로 슬쩍 옮긴다. 같은 방법으로 이어 주면 된다.

1

기본자세

왼다리 뒤꿈치를 들고 오른쪽으로 움직이면서 오른다리가 밀린다.

2

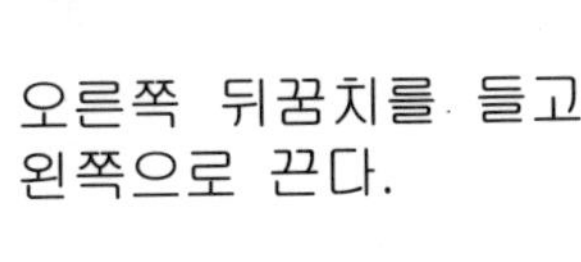

오른쪽 뒤꿈치를 들고
왼쪽으로 끈다.

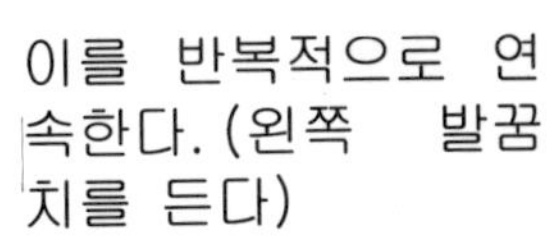

이를 반복적으로 연속한다. (왼쪽 발꿈치를 든다)

연 속

12 일렉트릭

기계 춤을 연상하는데 끊어지는 느낌이 들게 하는데 중점을 둔다.

1

왼쪽부터 팔과 다리를 각지게 만든다.(오른쪽으로 몸을 쏠리게 하면서 소림사의 무술자세를 취한다. 팔은 엇비슷하게 하고 왼다리를 약간 굽힌다)

2

반대쪽

3

왼다리를 들면서 왼팔은 아래로 꺾고 오른팔은 위로 꺾는다.

왼쪽으로 몸을 비스듬히 하면서 왼다리를 왼쪽으로 놓는다.

4

제자리로 온다.

5

6

3번과 반대로 한다.

7

4번과 반대로 한다.

제자리 자세를
취한다.

9

재빨리 몸을 튼다.

10

두 손이 마주치
게 한다.

11

손을 마주친 동시에
서로 몸을 왼쪽 방
향으로 반쯤 돈다.

12

왼발을 뒤로 가져오면서 시계
반대방향으로 돈다.(다리를 꼬
아서 몸을 돌리는 자세를 취한
다. 바른 자세로 돌아온다)

힙합음악 메모

트립합(Triphop)

Trip은 환각제를 복용한 상태에서 느끼는 '다른 세상으로의 여행'을 가리키는 말이다. 트립합은 힙합의 장르 또는 테크노의 장르로도 분류되는데 본래적 의미의 힙합과는 상당히 동떨어진 형태이며 영국에서 창조된 Crossover경향의 음악이다. 트립합은 힙합과 테크노의 융합체라고 할 수 있는데 힙합 비트를 사용하면서 그 위에 매우 느리고 몽환적인 느낌의 리듬을 가미하여 실제로 환각상태에 빠진 듯한 느낌을 준다. 보컬은 없거나 자제되고 있는 경향이 크며 디제이들이 만드는 실험적 음악의 성격이 강하다. 대표적으로 Tricky, Massive Attack, DJ Shadow 등이 있다.

13 파핑(Poping)

몸 동작을 흐느적거리면서 끊김 없이 빨리 이어간다. 단, 숙이는 부분에서는 순간적으로 멈추어주듯이 끊어지는 느낌이 들도록 한다.

1

기본자세

2

다리를 펴면서 팔을 올린다.

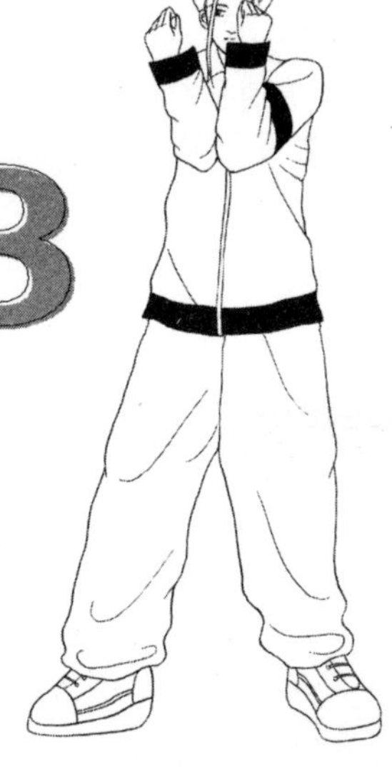

3

오른쪽으로 몸을 약간 틀면서 팔을 흐느적거리며 올린다.

4

팔을 내린다.

내리는 동시에 오른 다리를 약간 굽히면서 오른팔을 뻗는다.

왼쪽으로 몸을 틀면서 문워크(발이 뒤로 가는 자세)를 한다.

연속(뒤로 가는 상태)

오른발을 밖으로 휘면
서 몸을 바로 세운다.

바로 서면서 왼쪽 어깨를 올리면서 상체를 흐느적거려 팔과 다리를 엉거주춤한 자세를 취한다.

10

연속(흐느적거리는 상태)

엉거주춤한 상태에서 오른다리를 밖으로 휘면서 옆으로 놓는다.

12

연속(오른
다리를 놓
은 상태)

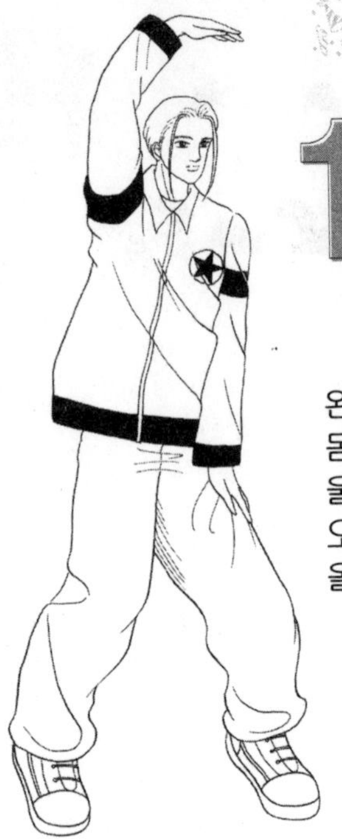

13

왼쪽으로
몸을 기
울면서
오른팔을
올린다.

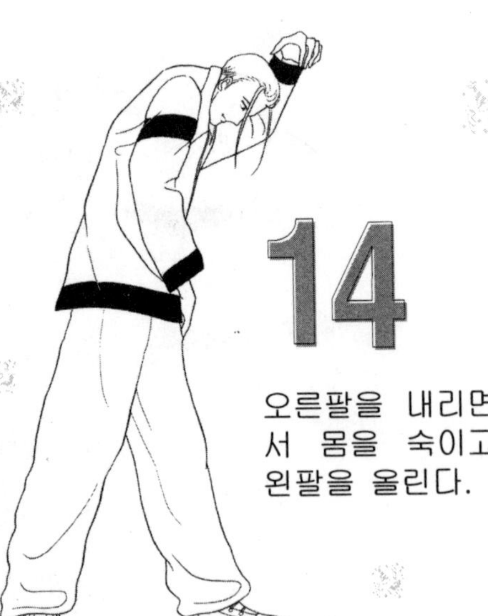

14

오른팔을 내리면
서 몸을 숙이고
왼팔을 올린다.

15

몸을 바로 하면서 몸에
팔부터 웨이브를 준다.

18

연속(정면으
로 튼 상태)

위에서 아래
로 몸에 웨이
브를 준다.

19

20

빠른 동작으로 다시 아래서 위로 웨이브를 준다.

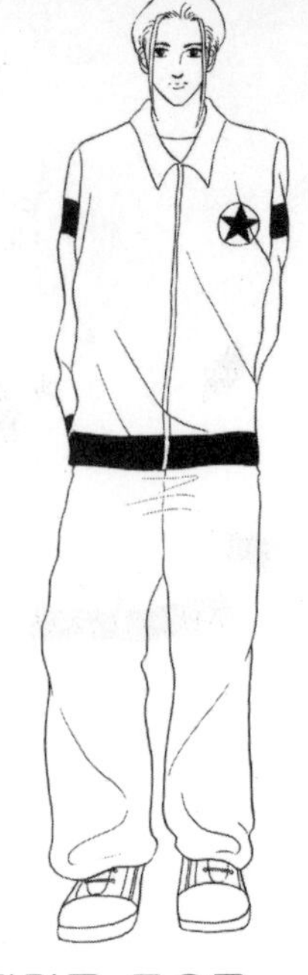

21

이어서 다리를 모으고 바로 선다.

위로 몸을 굴곡 있게 세워 준다.

22

23

굴곡이 이어지면서 오른쪽으로 틀어 끊어지는 듯한 동작으로 마무리 자세를 취한다.

14 브레이킹

1

머리를 바닥에 대고
몸을 반 돌린다.

2

연속(굴리는 상태)

연속(오른다리가 왼다리
위에 올라오면서 몸이
넘어온 상태)

3

4

오른다리를 놓으면서
허리를 든다.

5

그 상태에서 빠른 동작으로 넘어온 반대 방향으로 몸을 돌린다.

6

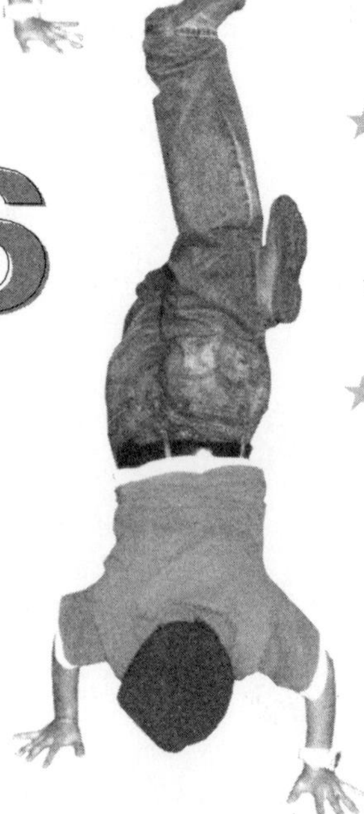

연속(돌아가는 상태)

바로 앉으려는
자세를 취한다.

넘어간 상태

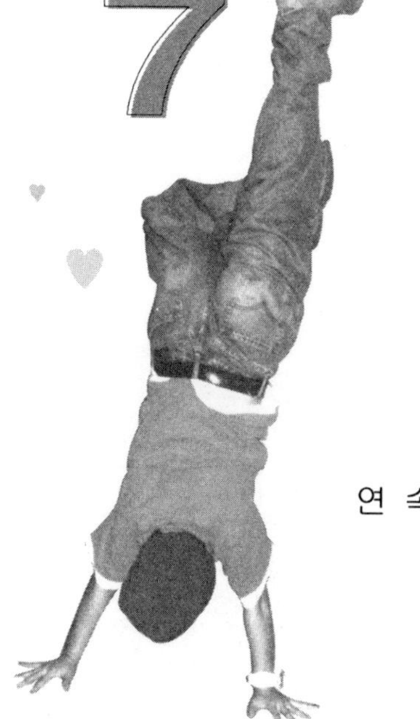

연 속

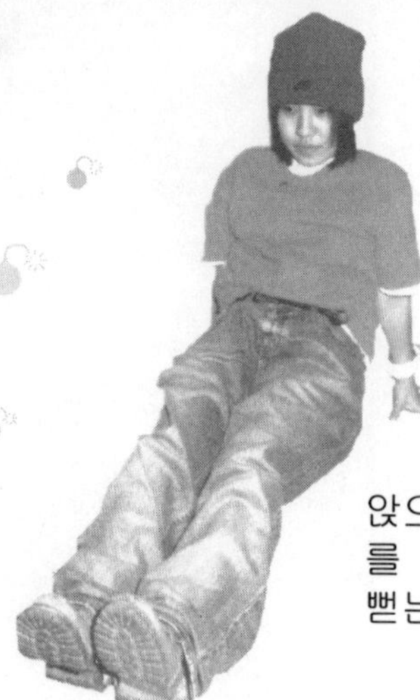

10

앉으면서 다리
를 앞으로 쭉
뻗는다.

11

옆으로 몸을 한번 돌
린다(돌리려는 상태)

12

연 속

연속(돌아오는 상태)

몸을 바로 하면서 오른손은 바닥에 짚고 왼다리를 오른 다리 위에 올리면서 마무리 자세를 취한다.

힙합음악 메모

재즈랩(Jazz Rap)

뚜렷한 개념이 없으며 보헤미안 랩(Bohemian Rap)이라고 불린다. 보통 R&B나 Funk계열의 음악을 샘플링해서 랩의 비트를 만드는 것과는 달리 그 근원을 재즈에 바탕을 둔 종류의 랩을 포괄적으로 지칭하는 광범위한 개념이다. 재즈음악의 샘플링으로는 갱스터의 DJ Premier이 가장 유명하며, 음악적 측면에 중점을 둘 경우 이것은 랩보다도 Acid Jazz계열로 분류되기도 한다. US3이나 Digable Planets 등이 대표적이다.

15 그룹 브레이킹

1 기본자세

2 왼발을 내밀면서 상체를 약간 숙인다.

4 오른발을 차면서 왼손을 앞으로 뻗는다.

3 왼발을 옆으로 내밀면서 오른쪽으로 몸을 기울인다.

그 상태에서 재빨리 왼다리로 바꾼다.

6

다리를 모으고 양손을 무릎 위에 놓는다.

빠른 동작으로 오른다리를 앞으로 하고 오른팔을 구부려 가슴 앞으로 올린다.

8

오른다리를 옆으로 펴면서 왼손을 뻗는다.

9

오른다리를 앞으로 내밀
면서 오른손을 뻗는다.

10

그 상태에서 재빨리 왼다
리로 바꾼다.

6번과 같은 자
세를 한다.

11

12

빠른 동작으로 왼
발을 내밀면서 손
뼉을 친다.

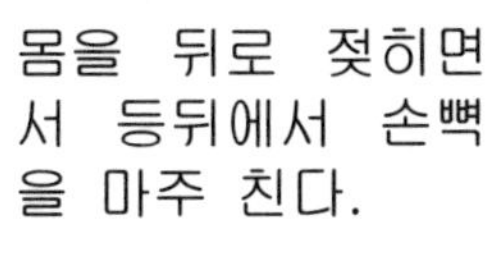

몸을 뒤로 젖히면
서 등뒤에서 손뼉
을 마주 친다.

13

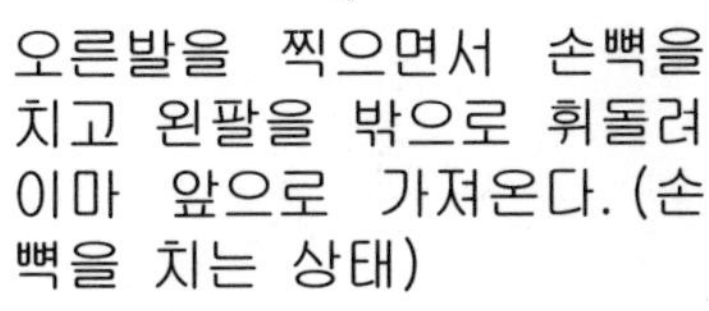

오른발을 찍으면서 손뼉을
치고 왼팔을 밖으로 휘돌려
이마 앞으로 가져온다.(손
뼉을 치는 상태)

14

연속(팔을 휘돌린
상태)

16

몸을 왼쪽으
로 틀면서
오른손을 휘
두른다.

17

왼쪽으로 몸을 비
틀었다가 시계반
대 방향으로 돈다
(돌려는 자세)

돌아온 상태

20

21

오른팔을 뒤로 빼면서 왼쪽으로 몸을 튼다.

22

반대로 왼팔을 뒤로 뺀다.

23

왼다리에 힘을 빼면서 다리를 엉거주춤하게 하고 양팔을 위로 뻗는다.

16 Kick It Up

2 팔을 안으로 돌리면서 세운다.

1 기본자세

4 오른팔을 뻗으면서 왼다리를 약간 굽힌다.

3 다리를 세우면서 팔을 가슴 앞으로 가져온다.

5

다리를 빠른 동작으로 하면서 팔을 다시 가슴 앞에 가져온다.

6

왼팔을 옆으로 뻗으면서 오른다리를 굽힌다.

7

왼쪽으로 몸을 젖히면서 오른팔을 아래로 뻗고 왼다리를 굽힌다.

팔을 약간 아래로 했다가 재빨리 위로 올리면서 다리도 빠른 동작으로 한다.

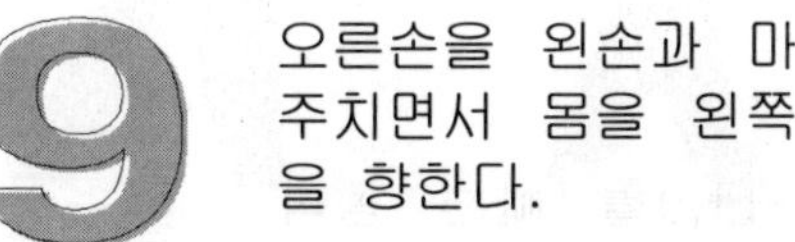

9 오른손을 왼손과 마주치면서 몸을 왼쪽을 향한다.

10 마주친 손을 모아 올리면서 다리도 빠른 동작을 취한다.

11 9번과 반대 방향으로 왼손을 오른손에 마주친다.

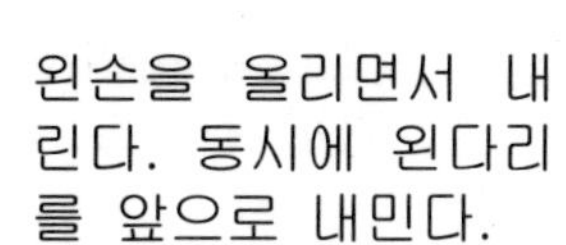

12 왼손을 올리면서 내린다. 동시에 왼다리를 앞으로 내민다.

13 연 속

14 오른다리를 들면서 오른손을 가슴 앞으로 올린다.

15 오른다리를 놓을 때 오늘팔도 밖으로 돌리며 팔꿈치를 허리에 부친다.

16 오른다리를 빠른 동작으로 세우며 팔을 안으로 굴려서 머리 위로 올린다.

17

연속(머리에
댄 자세)

18

손을 머리에 댄
상태에서 상체를
왼쪽으로 튼다.

19

재빨리 오른팔
을 뻗는다.

팔을 당기면서
오른발을 내민
다.(팔만 당긴
자세)

20

21

연속(몸을 뒤로 약
간 젖히며 오른다리
를 내민 자세)

22

몸이 물결치
듯 시계반대
방향으로 반
쯤 돌린다.

돌아간 상태

23

24

발을 바꾸어 오른다리
를 반무릎 하면서 오른
팔을 내민다.

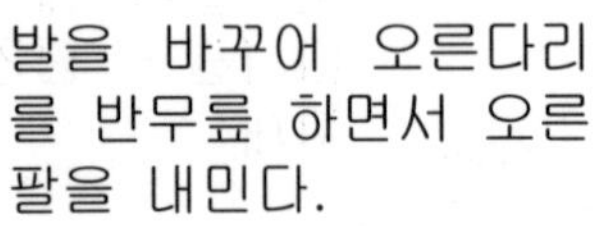

25

오른손을 내린다.

26

오른손을 내리는 동시에 오른 무릎을 완전히 꿇는다.

27

빨리 몸을 세운다.

28

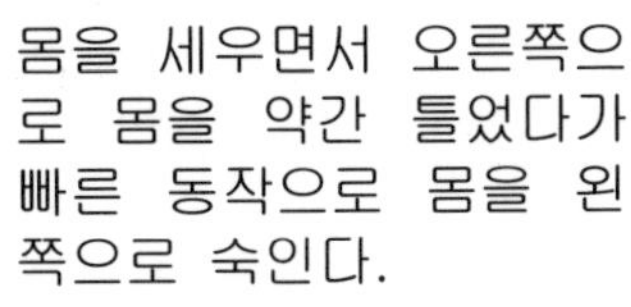

몸을 세우면서 오른쪽으로 몸을 약간 틀었다가 빠른 동작으로 몸을 왼쪽으로 숙인다.

29

연 속

30

다시 몸을
세운다.

31

팔을 2번 돌려 꼬아 올려 머리위로 뻗었다가 가슴 앞에서 겹친다.

연 속

32

36

재빨리 왼팔을 등뒤로 돌리면서 무릎꿇은 자세로 마무리를 한다.

몸은 오른쪽으로 향하면서 왼팔을 뻗는다.

35

연속(팔을 겹친 상태)

34

연속(올린 상태)

33

힙 합 댄 스

2016년 9월 25일 인쇄
2016년 9월 30일 발행

지은이 | Moon Project
기획편집 | 문 기 획
자료제공 | Kick It Up
펴낸이 | 최 상 일

펴낸곳 | 태 을 출 판 사
서울특별시 중구 동화동 52-107(동아빌딩내)
등 록 | 1973 1.10(제4-10호)

■ 주문 및 연락처
우편번호 100-456
서울 특별시 중구 동화동 제52-107호(동아빌딩내)
전화: 2237-5577 팩스: 2233-6166

ISBN 978-89-493-0452-6 13680